Feng Shui Jing©

心想事成

Martina Fuchs

Feng Shui Jing

Feng Shui und die Kraft der Steine

Mit einem Vorwort von Michael Gienger

AT Verlag

Ich widme dieses Buch meinen geliebten Eltern sowie meiner geliebten Großmutter Maria. Danke für Eure Liebe, Hilfe und Unterstützung. Ihr seid immer in meinem Herzen.

© 2003
AT Verlag, Aarau und München
Fotos: Heidi Schmidinger, Wasserburg/Inn
Kalligrafien: Hoh Yin Ping, Malaysia
Grafiken und Illustrationen: Edith Helfer, Bern
Lektorat: Karin Breyer, Freiburg i. Br.
Lithos: AZ Grafische Betriebe AG, Aarau
Druck und Bindearbeiten: Appl, Wemding
Printed in Germany

ISBN 3-85502-919-9

www.at-verlag.ch

Inhalt

Vorwort

»Feng Shui Jing – Feng Shui und die Kraft der Steine« von Martina Fuchs leistet einen wichtigen Beitrag für den Umgang mit Steinen. Die Erfahrung, dass Edelsteine, Mineralien und Gesteine Heilkräfte besitzen, wird heute von immer mehr Menschen geteilt. Doch wenn wir feststellen, dass Schmuck- und Heilsteine uns beeinflussen, wenn wir sie bei uns tragen – was ist dann mit den Steinen in unserer unmittelbaren Umgebung? Können uns Kristalle, Mineralstufen oder einfache Gesteine in Haus und Wohnung ebenfalls beeinflussen? Diese Frage ist im Grunde so alt wie die Steinheilkunde selbst – und die Antwort lautet eindeutig: Ja!

Dennoch war diese spannende und interessante Tatsache meist nur ein am Rande gestreiftes Thema in der Steinheilkunde. Erst im Zusammenhang mit Feng Shui und der geomantischen Raumgestaltung erfährt diese im weitesten Sinne heilkundliche Anwendung von Edelsteinen größere Aufmerksamkeit. In meinem Buch »Die Heilsteine Hausapotheke« habe ich auf den Vorteil des »Aufstellens von Steinen in der Umgebung« hingewiesen, da mit dieser Methode nur ganz bestimmte Lebensbereiche von den hierzu passenden Edelsteinen beeinflusst werden. Es sind im Schlafzimmer eben andere Steine notwendig als am Arbeitsplatz. Doch von wenigen Hinweisen einmal abgesehen, blieb dieses Gebiet bislang weitgehend unbearbeitet.

Diese »Lücke« hat Martina Fuchs nun geschlossen. Indem sie Edelsteine in das bewährte System des Feng Shui einbindet, ergeben sich klare Richtlinien und Anwendungsmöglichkeiten. Das vorliegende Buch zeigt, wie wir vorgehen können, um unser Lebensumfeld und unser seelisches Befinden mit »Steinen in unserer Umgebung« zu harmonisieren. Dadurch erschaffen wir eine wunderbare Grundlage für Glück, Gesundheit und Erfolg im Leben. Eine Grundlage – denn natürlich nehmen Steine uns die »Arbeit« nicht ab. Die Umsetzung unserer Lebensziele verbleibt nach wie vor unserem eigenen Streben und Tun. Auch daran lässt Martina Fuchs keinen Zweifel. Doch Steine können uns manches erleichtern! Richtig verwendet, können sie unser Streben und Tun fördern und unterstützen. Und wenn Sie wissen möchten, wie diese »richtige Verwendung« aussieht, dann lesen Sie am besten einfach weiter …

Tübingen, im Winter 2003
Michael Gienger

Vorwort

Während ich dieses Buch schrieb, fragte ich mich, wann ich erstmals mit Feng Shui in Berührung kam. War das tatsächlich erst Mitte der neunziger Jahre, als ich mich mit dem Thema konkret zu beschäftigen begann, oder gab es möglicherweise schon früher entscheidende Impulse in meinem Leben? Überraschend stellte ich fest, dass bereits in meiner Kindheit und Jugend erste Weichen gestellt worden waren.

Aufgrund der Tatsache, dass meine Eltern sehr reiselustig waren – was ganz besonders auf meinen geliebten Vater zutrifft –, und der glücklichen Umstände, dass meine Lieblingstante Marianne in England lebte, verbrachte ich von Kindheit an viel Zeit in Großbritannien, und zwar in einer der wohl schönsten Gegenden Südenglands, im New Forest: dem Wald der Könige und Königinnen, den Wilhelm der Eroberer einst ins Leben gerufen hatte. Die urbane, wilde Landschaft besticht durch ihre Heidekrautschonungen, Moor- und Torfflächen sowie Wiesen und Eichenhaine. Es ist ein magischer Ort, an dem Feen und Elfen zu Hause sind, wo man bei seinen Streifzügen zu Fuß und zu Pferd unweigerlich über Drachenwege und Leylines »stolpert« und wo geomantisches Wissen auch im nahe gelegenen Stonehenge oder in der eindrucksvollen Kathedrale von Salisbury hautnah erlebt werden kann. Die pulsierende Kraft der Mutter Erde, die hier überall mit jedem Atemzug zu spüren ist, hat bereits in meiner frühesten Kindheit Spuren in meinem Herzen hinterlassen.

Meine zahlreichen Streifzüge durch England – das ja aufgrund langjähriger Handelsbeziehungen in enger Verbindung zu Asien steht – sensibilisierten mich für die asiatische Kultur. In mir entstand sehr früh ein tiefes Interesse für die ostasiatische Kultur und Kunst, für die großen Philosophien sowie für die traditionelle chinesische Medizin, aber auch für Bewegungslehren wie Tai Ji und Qi Gong.

Viele Jahre später, als ich, beruflich bedingt durch meine Tätigkeit für verschiedene große internationale Verlagshäuser, wieder auf meine geliebte Insel kam, wurde ich auf Feng Shui aufmerksam … Inspiriert kehrte ich von meiner Englandreise zurück nach München und begab mich auf die Suche nach deutschsprachiger Feng-Shui-Literatur sowie weiterführenden Informationen zu dieser östlichen Weisheitslehre. Dies gestaltete sich äußerst schwierig, da Feng Shui im deutschsprachigen Raum noch in einer Art Dornröschenschlaf verharrte. Ganz im Gegenteil zu Ländern wie den USA oder eben Großbritannien, wo sich bereits seit längerem das »Feng-Shui-Fieber« ausbreitete.

Durch eine glückliche Fügung wurde ich in meiner Lieblingsbuchhandlung fündig und entdeckte »rein zufällig« einen Flyer des renommierten Schweizer Feng-Shui-Instituts INFIS. Man bot die erste Seminarreihe in Deutschland an, und ich zögerte nicht lange und buchte meinen ersten Workshop. Von diesem Zeitpunkt an packte mich die Feng-Shui-Leidenschaft und ließ mich nicht mehr los. Dies bekamen natürlich auch meine Freunde und meine Familie zu spüren, denn in meiner Anfangsphase infizierte mich, wie alle Mitstudenten, ein ziemlich weit verbreiteter Virus namens «Feng-Shui-Panik». Alles, was in unserer näheren Umgebung nicht niet- und nagelfest war, wurde mit unseren Feng-Shui-Augen seziert, durchleuchtet und wenn möglich sofort verändert. Lebenspartner, Freunde oder Familienangehörige – sie alle wurden in unseren Entwicklungsprozess eingebunden und zu Feng-Shui-Probanden verwandelt. Anfänglich waren sie natürlich begeistert, aber später, etwa nach dem vierten Aufbauseminar, konnte es schon mal passieren, dass unsere Lieben selbst den Besuch bei unliebsamen Verwandten vorzogen, als erneut eine Runde »Zimmer räumen oder entrümpeln« vorzunehmen. Nichtsdestotrotz zeigten sie am Kursende wieder Begeisterung; schließlich waren sie oft erstaunt zu sehen, dass bereits mit kleinen Veränderungen im entsprechenden Raum Großes bewirkt werden kann.

Ich erinnere mich besonders gern an ein Erlebnis, das ich mit meiner Freundin Renate hatte, die sozusagen mit ihrer neuen Küche auch eine neue Liebe geliefert bekam: In ihrer Wohnung befand sich der Bereich, der gemäß den Feng-Shui-Prinzipien für »Beziehung und Partnerschaft« steht, in der Küche. Dieser Lebensbereich erhielt frische Energien, als Renate durch das Abbauen der alten und vor Eintreffen der neuen Küche die Chance zum Entrümpeln nutzte; sie hatte nun die Möglichkeit, auch Stellen zu säubern, die sonst durch Schränke und Geräte nicht zugänglich waren. Der Reinigungsprozess brachte gestaute Energie wieder ins Fließen und verschaffte neuer Energie Platz; so konnte die Energie in der Küche wieder ideal zirkulieren. Zusätzlich hatte Renate den Bereich mit schönen Symbolen, u. a. mit Edelsteinen, betont bzw. aktiviert und damit auf der Energieebene optimal Raum für eine neue Liebe geschaffen – und die kurze Zeit später prompt erschien …

Ich schloss im Frühjahr 1999 meine Ausbildung zur diplomierten Feng-Shui-Beraterin am INFIS-Institut ab; danach habe ich zahlreiche weiterführende Seminare und Workshops besucht. Derzeit zähle ich zum exklusiven Schülerkreis des chinesischen Feng-Shui-Meisters Victor Dy, der mich in verschiedenen Meisterdisziplinen fortbildet. Im Herbst 1999 eröffnete ich meine Feng-Shui-Agentur Heaven and Earth in München. Feng Shui wurde zu meiner Berufung. Mein Wunsch ist es, möglichst viele Menschen für die Arbeit mit Energien zu sensibilisieren und zu begeistern, damit auch sie die Möglichkeit haben, ihre inneren und äußeren Räume in Zentren der Kraft und Freude zu verwandeln. Zu diesem Zweck entwickelte ich die neue Technik Feng Shui Jing®, welche die heilende Kraft der Steine »Shui Jing« (Kristall) mit der Energielehre Feng Shui verbindet. Aufgrund meiner langjährigen Erfahrung im Bereich Feng Shui sowie durch wertvolle Impulse meines geschätzten Lehrers André Pasteur gelang es mir, die Kraft der Steine und Mineralien optimal in meine tägliche Feng-Shui-Arbeit zu integrieren.

Michael Gienger, der Steinheilkundeexperte im deutschsprachigen Raum, war und ist für mich eine ebenso große Unterstützung und Quelle der Inspiration. Seine Bücher und Seminare lege ich allen ans Herz, die sich noch tiefer mit dem Thema Steinheilkunde vertraut machen möchten. Für mich war es von Anfang an nahe liegend, in meine Arbeit mit Raum- und Erdenergien Symbole einfließen zu lassen, die aus der Erde kommen und die heilende und stärkende Energie der gro-

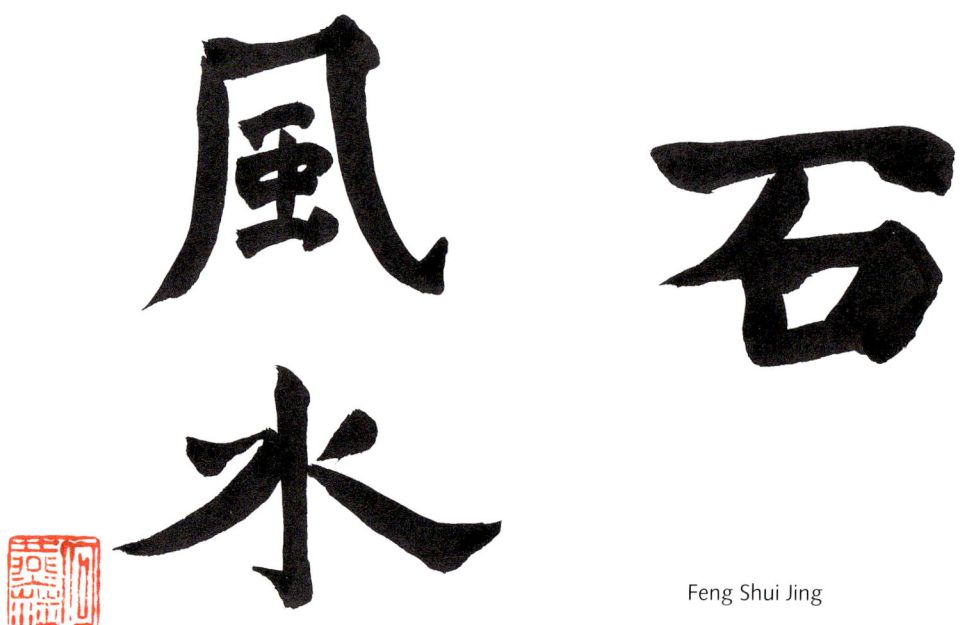

Feng Shui Jing

ßen Göttin Mutter Erde in sich tragen. Wie wirkungsvoll das Arbeiten mit Mineralien und Steinen ist, kann ich selbst täglich immer wieder erleben.

Ich möchte darauf hinweisen, dass Feng Shui erfahren werden muss: Man sollte ausprobieren, testen und spüren; nur so können Sie feststellen, welche Veränderung in dem entsprechenden Raum wirkt und welche nicht, wo Ihre Stärken liegen, und wo es für Sie wichtig ist, mehr zu lernen und zu üben. Feng Shui ist und bleibt eine Erfahrungslehre, und wer glaubt, nach einigen Seminarwochenenden das Thema schon zu beherrschen, der irrt sich gewaltig. Für alle ernsthaft Interessierten sowie für alle professionellen Feng-Shui-Berater sollte es selbstverständlich sein, sich permanent fortzubilden, sich verschiedene Lehrer und Schulen anzusehen und sich auch mit der gesamten chinesischen Kultur und den großen chinesischen Philosophien auseinander zu setzen.

Mit diesem Buch möchte ich Ihnen die Möglichkeit geben, die heilende und vitalisierende Energie der Steine in Ihren Räumen zu spüren und Ihnen so neue Wege zu mehr Glück, Harmonie, Gesundheit und Zufriedenheit in Ihrem Leben aufzeigen. Ich hoffe, Sie finden viele positive Anregungen und haben viel Freude und Spaß bei der Umsetzung.

Herzlichst Ihre
Martina Fuchs

Einleitung

Was ist für Sie Raum? Wann haben Sie zum letzten Mal den Raum, in dem Sie sich bewegen, bewusst wahrgenommen? Wie fühlt er sich an? Fühlen Sie sich wohl darin? Vermittelt er Ihnen ein Gefühl von Geborgenheit und Behaglichkeit? Wenn Sie in Ihren Räumen sind, fühlen Sie sich dann geschützt und sicher? Fühlen Sie sich voller Kraft und Energie oder eher schlapp und müde, wenn Sie sich länger in Ihren bevorzugten Räumen aufhalten?

Das sind nur einige Fragen aus meinem Fragebogen, den ich für meine Beratungstätigkeit und Workshops erstellt habe. Immer wieder lässt sich dadurch für mich feststellen, dass sich in unserer heutigen Zeit kaum jemand darüber ernsthaft Gedanken macht.

Raum zu haben ist in der westlichen Welt eine Selbstverständlichkeit, in die der Mensch hineingeboren wird. Selbst der Körper, der Raum für unser Innerstes ist, ist für die meisten von uns selbstverständlich. Aufmerksam werden wir erst, wenn es zwickt und schmerzt. Dies gilt gleichsam für die Lebensräume. Häufig werden wir erst dann aktiv, wenn uns optisch etwas stört oder besonders auffällt. Ob uns aber dieser Raum energetisch fördert und unterstützt oder welche Gefühle in uns ausgelöst werden, wenn wir uns länger darin aufhalten, wird kaum oder gar nicht beachtet. Erst durch Feng Shui – eine bis ins Neolithikum (7000–2000 v.Chr.) zurückreichende chinesische Energielehre – wurde in unserem Kulturkreis die Aufmerksamkeit wieder auf diese Aspekte gelenkt. Feng Shui macht es erstmals möglich, Räume auch nach energetischen Gesichtspunkten zu betrachten und Antworten auf oben gestellte Fragen zu finden.

Feng Shui ist mehr als einfach »Tischchen rücken« und »Kristallkugeln aufhängen«. Richtig angewandt, vermag es die zur Verfügung stehenden Raumenergien wieder in Fluss zu bringen und ein harmonisches Umfeld zu schaffen, das sowohl psychisch als auch physisch stärkt und stützt. Feng Shui lehrt uns, uns mit den uns umgebenden Energien bewusst auseinander zu setzen und respektvoll mit ihnen umzugehen. Es erweckt unser Raumbewusstsein, und es fordert auf, unsere Innenräume näher zu betrachten, »Stauungen« zu entdecken und »Entrümpelungen« vorzunehmen. Um dieses Bewusstsein zu schärfen, kann es sehr hilfreich sein, alle Sorgen und Probleme, aber auch lang gehegte Wünsche und Hoffnungen einmal aufzuschreiben.

Übung

Bringen Sie Ihre Konflikte und Sehnsüchte ganz neutral und ohne Bewertung zu Papier. So könnte beispielsweise auf Ihrer Liste stehen, dass Sie sich mehr beruflichen Erfolg wünschen, dass Ihre Beziehung zu Ihrem Partner/Ihrer Partnerin wieder herzlicher und liebevoller werden soll, dass Sie sich einsam fühlen und gerne neue Freunde hätten oder sich im Bereich Finanzen etwas positiv für Sie verändern soll. Diese Bestandsaufnahme zeigt, welche Bereiche für Sie derzeit besonders wichtig sind. Unser Innerstes spiegelt sich im Außen wider, und so ist es oft verblüffend, wie sich bestimmte innere Themen in den (äußeren) vier Wänden offenbaren. Mit Hilfe Ihrer Notizen können Sie eine Prioritätenliste erstellen und Schritt für Schritt Veränderungen sowohl im Innen als auch im Außen vornehmen.

Impulse im Außen können Wandlungen im Inneren bewirken und umgekehrt. Nur wer bereit ist, auf beiden Ebenen zu arbeiten, wird auch den größtmöglichen Nutzen aus der Arbeit mit Feng Shui erzielen. Sie sollten bedenken, dass Sie mit Feng Shui ebenso an Grenzen stoßen, denn wenn Ihr »Himmelsglück« (chinesisch: tien cai) es nicht vorsieht, aus Ihnen einen zweiten Bill Gates zu machen, dann können Sie auch mit Hilfe von Feng Shui nichts daran ändern. Was Sie tun können, ist ein Umfeld schaffen, das Ihnen ermöglicht, Ihr innewohnendes Potenzial voll auszuschöpfen und so das Optimum aus Ihrem Leben zu machen. Vielleicht werden Sie dann »nur« Millionär oder erkennen, dass Ihr wahres Glück im spirituellen und nicht im materiellen Reichtum liegt. Sie sollten nie vergessen, dass es immer einer ordentlichen Portion »Menschenglück« (chinesisch: ren cai) zum Erreichen der Ziele bedarf. Das heißt, dass wir aktiv und verantwortungsbewusst unser Leben leben. Feng Shui kann Ihnen helfen, mehr Vitalität, Erfolg, Harmonie und Zufriedenheit zu finden, und sie werden feststellen, dass Sie mit Hilfe von Feng Shui auch etwas schwierigere Zeiten mit erstaunlichem Elan und Rückenwind bewältigen können.

Gerne vergleiche ich die Arbeit eines Feng-Shui-Beraters mit der Arbeit eines Heilpraktikers oder TCM-Therapeuten (TCM = traditionelle chinesische Medizin): Auch der Feng-Shui-Berater setzt gezielt – analog der Akupunktur – an energetischen »Stauungspunkten« eine »Nadel« in Form eines Symbols, um die

Feng Shui Qi Shi

Energie im Raum wieder zum Fließen zu bringen. In meiner Arbeit setze ich für die »Raumakupunktur« Steine und Mineralien ein. Sie sind wunderbare »Arbeitskollegen«, die äußerst wirkungsvoll und effizient Energien lenken, leiten, steigern, aber auch stoppen können. Sie sind sozusagen meine unschlagbare »Geheimwaffe« im Rahmen meiner Energiearbeit. So können Sie beispielsweise eine Tür-Fenster-Linie »schließen«, indem Sie einen Bergkristall-Donut in das Fenster hängen, oder Sie stellen sich ein wundervolles Edelsteinmandala zusammen, um die Raumenergie zu erhöhen.

Darüber hinaus stellen Mineralien und Steine die einzigen Korrektursymbole dar, die man problemlos bei sich tragen kann. Bei gesundheitlichen Problemen können sie außerdem unterstützend zu ärztlichen und homöopathischen Maßnahmen eingesetzt werden. Ein weiterer Vorteil ist, dass sie auch optisch durch ihre Schönheit bestechen und somit sowohl im Chefbüro als auch zu Hause willkommen sind – was bei den meisten klassischen Feng-Shui-Korrekturmitteln nicht unbedingt der Fall ist. Mineralien und Steine kommen aus der Erde und tragen diese Erdenergie in sich. Sie sind somit die optimale »Akupunkturnadel« für jeden Feng-Shui-Praktizierenden.

Warum brauchen wir Feng Shui?

Früher ließen die Baumeister der westlichen Welt in den Bau von Gebäuden ihr geomantisches Wissen einfließen. Im 21. Jahrhundert ist davon nichts mehr zu spüren – das Wissen um die Seele und das Wesen eines Gebäudes ist verloren gegangen.

Heute gilt es, sich mit möglichst futuristisch designten Gebäuden, die zumeist aus unregelmäßigen Strukturen und Formen bestehen, einen Namen zu machen. Im Vordergrund steht das Design, und nicht der Mensch.

Die Grundbedürfnisse des Menschen nach Schutz und Sicherheit finden oft keine Berücksichtigung mehr, wenn man beispielsweise an die immer beliebter werdenden Glaskonstruktionen denkt, die täglich neu gebaut werden. Komplette Glas-Außenfassaden oder Fenster vom Boden bis zur Decke sorgen zwar für viel Licht und Helligkeit, aber auch dafür, dass die Energie sofort wieder entweicht und den Bewohnern nicht mehr zur Verfügung steht. Daraus kann sich chronischer Energie-, aber auch Geldmangel etablieren – denn Geld ist letztlich nichts anderes als Energie.

Im ungünstigsten Fall besitzen solche Glasbauten sogar im Innenbereich Glaswände bzw. Glastüren. Diese Räume erwärmen sich im Sommer enorm, und man ist permanent auf Klimaanlage und Jalousien angewiesen, und im Winter hat man das Gefühl, dass es im Raum nicht richtig warm wird. Hinzu kommt, dass jeder Passant auf der Straße sehen kann, was im Raum vor sich geht; meist sitzt man noch mit ungeschütztem Rücken zur offenen Fensterfront. Natürlich verstärkt sich dies in der dunklen Jahreszeit, wenn die Räume hell erleuchtet sind. In solchen Räumen lässt sich zudem ein gewisses Maß an Konzentrationsmangel feststellen. Man kann beobachten, wie kleinste Bewegungen im Außen sofort im Innen registriert werden und Aufmerksamkeit auf sich ziehen. Des Weiteren wird der archaische Instinkt nach Schutz und Abgrenzung aktiviert, indem man versucht, sich durch kleine Schutzberge aus Aktenordnern, Ablagekörben oder Papierstapeln abzuschotten. Dies kann, je nach Umfang, jedoch wieder Energiestau fördern.

Design, Funktionalität sowie Lebens- und Wohnqualität müssen sich jedoch nicht ausschließen. Ebenso möchte ich betonen, dass die moderne Architektur auch viele positive Aspekte gebracht hat; man betrachte u. a. den heutigen Standard an Funktionalität, das zunehmende Energiebewusstsein oder die Baustoffvielfalt. Ziel sollte das produktive Zusammenspiel zwischen Architekt, Feng-Shui-Berater und Bauherr sein, um so für den Menschen ein optimales, gesundes und harmonisches Umfeld zu schaffen.

Was ist Feng Shui?

Feng (»Fang«) Shui (»Schwei«) wird übersetzt mit Wind und Wasser. Wind steht für kosmische, zeitliche und numerologische Energieeinflüsse sowie für Sauerstoff und Wind an sich. Wasser wiederum bezeichnet die physische, uns umgebende Landschaft, die Flüssigkeit Wasser sowie Wasserläufe, Wege und Straßen.

Wind und Wasser stellen zwei unserer elementarsten Kräfte dar, die wir zum Leben benötigen, die uns aber auch schaden können, wenn sie sich als ungebändigte Naturgewalt in Form von Stürmen, Orkanen oder Überschwemmungen zeigen. Dass davon nicht nur die Menschen im Altertum betroffen waren, zeigten die folgenschweren Fluten im Jahre 2002, die Deutschland, Österreich und Teile Europas heimsuchten.

Für diese Naturkatastrophen wurde früher vielerorts das Verhalten der Menschen verantwortlich gemacht. In China wurden ganz besonders die Herrscher der jeweiligen Dynastien zur Rechenschaft gezogen, da diese ja durch das Mandat des Himmels (chin., *tianming*) regierten.

Wenn diese also den Himmel und die Götter erzürnten, indem sie schlecht regierten und sich unwürdig verhielten, waren ihre Tage gezählt. Somit war es für jeden Herrscher unerlässlich, die Gesetze von Kosmos und Natur zu verstehen und seine Handlungsweise dem harmonischen Konzept von Himmel, Erde und Mensch anzupassen.

Kanyu, ein weiterer, bis heute gültiger Begriff für Feng Shui, zeigt dies ebenfalls auf, denn er steht für das Geschehen zwischen Himmel und Erde, für das Geschehen im gesamten Kosmos. Die älteste Bezeichnung für Feng Shui lautet *buzhai*. *Bu* steht für voraussehen, voraussagen und *zhai* für Haus/privates Gebäude. *Bu* ist häufig auf den Orakelknocheninschriften zu finden – sie gelten als die ältesten schriftlichen Zeugnisse chinesischer Kultur. Diese Knocheninschriften bestätigen, dass bereits zur Shang-Zeit (1600–1100 v. Chr.) bei der Errichtung einer Stadt das Orakel befragt wurde.

Feng Shui

Feng Shui entwickelte sich im Laufe der Jahrtausende durch akribische Beobachtungen, Berechnungen und Experimente. Alle Einflüsse und Wechselwirkungen zwischen Mensch, Natur und Kosmos wurden mit größter Sorgfalt analysiert und so dem Menschen nutzbar gemacht. Dieses Wissen wurde zunächst ausschließlich mündlich vom Meister an einen auserwählten Schüler weitergereicht; erst kurz nach der Zeitwende (25–220 n. Chr.) wurden die ersten Schriften verfasst. Die Kernaussage dieser Lehre lautet, dass die den Menschen umgebende Landschaft oder das ihn umgebende Gebäude energetischen Einfluss auf ihn ausübt – so wie der Mensch die Umgebung mit seinen Energieimpulsen beeinflusst und prägt. Alles ist mit allem verbunden und stellt ein unaufhörliches Spiel der Energien dar. Diese Energie, die hier wirkt und in allem ist und alles durchdringt, trägt den Namen Qi (= Lebensenergie).

Während in der traditionellen chinesischen Medizin die Energie(Qi)ströme im *Körper* von zentraler Bedeutung sind, stehen im Feng Shui die Energie(Qi)ströme des *Raumes* im Mittelpunkt der Betrachtung.

Feng Shui ist ein wunderbares Instrumentarium, mit dem fundiert erklärt werden kann, warum wir uns in manchen Räumen spontan wohl fühlen und in anderen so gar nicht. Intuitive Wahrnehmungen bekommen ein Sprachrohr, das uns ermöglicht, aktiv in das Geschehen einzugreifen und Wohlfühlräume zu gestalten. Ziel von Feng Shui ist es, eine Harmonisierung des kosmischen und irdischen Energie(Qi)flusses zu erlangen sowie Mensch und Universum in Harmonie zu vereinen; die uralte Weisheitslehre möchte bewusst machen, dass sich der Mensch in einer ständigen Interaktion mit seinem Umfeld befindet.

Räume und Gebäude, die einen harmonischen Energie(Qi)fluss gewähren, können für alle zu Quellen der Kraft und des Nährens werden. Ist der Mensch optimal durch einen vitalen Energiefluss sowie durch ein harmonisches Umfeld gestärkt, wirkt sich dies auf all seine Lebensbereiche förderlich aus, beispielsweise auf Beziehungen, Gesundheit oder berufliches Fortkommen.

Wichtig bei der Auseinandersetzung mit Feng Shui ist aber auch immer der zeitliche Faktor. Die Energiequalitäten der jeweiligen Monate und/oder Jahre fließen mit in die Analyse ein. Somit stellt Feng Shui ein ganzheitliches Raum-Zeit-Konzept dar und nicht wie im Westen oft irrtümlich dargestellt ein reines Raumkonzept.

Qi

Die Wurzeln des Feng Shui

Experten sind sich einig: Feng Shui ist so alt wie die Geschichte Chinas selbst. Auf eindrucksvolle Weise dokumentieren dies auch Überreste neolithischer Siedlungen (6000–2000 v. Chr.), die man in China bei Ausgrabungen entdeckte. In Zhengzhou fand man zum Beispiel Überreste einer Stadtmauer sowie Gebäude, die sich in einer ganz bestimmten Anordnung zu den umliegenden Landschaftsformen befanden und den später entwickelten Feng-Shui-Kriterien sehr ähnelten.

Auch die Inschriften der Orakelknochen zeigen, wie weit die Wurzeln dieser Energielehre in die Geschichte zurückreichen; vor allem wird deutlich, wie wichtig es bereits den damaligen Herrschern war, einen energetisch günstigen Ort zur Gründung einer Hauptstadt zu finden. Allerdings spielten auch praktische Gründe bei der Ortswahl eine große Rolle. So wurde zum Beispiel auf genügend Ressourcen wie Wasser und Nahrung geachtet; natürlich musste der Platz ausreichend Schutz vor Feinden und Naturkatastrophen bieten. Mittels Orakel wurde schließlich entschieden, ob der Ort den Segen der Götter hat. Diese ausgefeilte Technik reicht zurück bis in die Shang-Dynastie (1600–1100 v. Chr.); erstmalig dokumentiert wurde sie unter König Wu, der die Zhou-Dynastie (1066–221 v. Chr.) begründete. Sein jüngerer Bruder Herzog Dan ermittelte so den Ort für die Hauptstadt Luoyi und erbat sich dadurch auch den Segen des Himmels für die dortige Regentschaft.

Der Geister- und Dämonenglaube war in China seit jeher stark ausgeprägt. Man war davon überzeugt, dass man sowohl mit dem Himmel als auch mit der Erde in Verbindung stehen müsse, um das Überleben der Menschen zu sichern. So verwundert es nicht, dass in dieser Kultur sowohl die Toten als auch die Lebenden gleichermaßen eine bedeutende Rolle spielten. Feng Shui wurde somit auch immer schon für die Ausrichtung von Gräbern genutzt. Man war und ist noch heute der Ansicht, dass das Glück der Nachkommen vom Wohle der Ahnen abhängt. Der technische Begriff Feng Shui wurde erstmals in einem Führer über Bestattungsrituale erwähnt – in dem so genannten »Grabbuch« (Zang Shu), das aus dem 3. Jahrhundert n. Chr. stammt; vermutlich war Guo Pu der Verfasser.

Dort wird Feng Shui wie folgt definiert: »Wenn das Qi vom Wind (Feng) getragen wird, zerstreut es sich; wenn es auf ein Wasser (Shui) trifft, wird es aufgehalten. Die Menschen im Altertum sammelten es an und es zerstreute sich nicht, sie behandelten es so, dass es anhielt, dies wird deshalb Feng Shui genannt. Das Erlangen eines Gewässers ist das Wichtigste und der Wind muss abgehalten werden.«

Feng Shui war Jahrhunderte lang ausschließlich dem Kaiser, auserwählten hohen Beamten und dem Adel – also der herrschenden Klasse – vorbehalten, um so die Macht des Kaisers zu sichern. Diese Kunst und Wissenschaft wurde nicht nur bei der Stadtplanung und -gründung bzw. beim Bau von Gräbern (zum Beispiel den historischen Ming-Gräbern in Peking) eingesetzt, sondern auch beim Bau von Palästen. Auf eindrucksvolle Weise zeigt dies die Verbotene Stadt in Peking.

Einer der wohl bedeutendsten Feng-Shui-Meister war Yang Jun Song, der bekannte Geomant am Hofe des Kaisers Hi Tsang (Tang-Dynastie, 618–907 n. Chr.). Er schuf einige der wichtigsten Grundlagenwerke, wie zum Beispiel Han Lung Jing (Die Kunst, den Drachen zu wecken) oder I Lung Ching (Regeln für die Annäherung an den Drachen). Diese Klassiker haben heute noch ihre Gültigkeit und sind für Feng-Shui-Praktizierende wichtige Grundlagenwerke. Yang Jun Song gilt als Begründer der Formschule, die auch »Formen-Kraft-Schule« genannt wird.

Während der Song-Zeit (960–1279 n. Chr.) wurde die zweite große Schule des Feng Shui begründet. Es handelt sich um die »Struktur-Qi-Schule«, die bei uns auch unter dem Begriff »Kompassschule« bekannt ist. Sie basiert auf den Grundlagen der »Struktur-Qi-Philosophie« des berühmten Philosophen Zhu Xi (1130–1200 n. Chr.). Da in der Kompassschule die Positionierung des Menschen in der Landschaft ausschlaggebend ist, wurde der geomantische Kompass (Luopan) zum wichtigsten Instrument dieser Schule. Bereits in der Zeit der Streitenden Reiche (475–221 v. Chr.) wurde eine Magnetnadel verwendet. Es existierte damals ein Vorläufer des Luopan, der Si Nan genannt wurde.

Der wohl berühmteste Vertreter der Struktur-Qi-Schule während der Song-Zeit ist Lai Wenjun, der Wasserverläufe und Sand – eine Bezeichnung für Berge – nach den Himmelsrichtungen untersuchte.

Von 1368 bis 1911 (Ming- und Qing-Dynastie) bildeten sich weitere Lehren, wie zum Beispiel die Wasserdrachenschule oder die Lehre der Fliegenden Sterne. Der wohl größte Meister dieser Technik war Jiang Da Hong, der während der Ming-Dynastie (1368–1644 n. Chr.) wirkte. Er entwickelte auch den San Yuan Luopan. In der Qing-Zeit (1644–1911 n. Chr.) erreichte sowohl die Form- als auch die Kompassschule ihren höchsten Entwicklungsstand. Alle Kommentare oder Erweiterungen basieren bis heute auf diesen Schulen oder sind von ihnen abgeleitet. Am Ende der Qing-Zeit macht sich allerdings innerhalb der chinesischen Reformistenbewegung eine Ablehnung gegen traditionelle chinesische Wissenschaften und somit auch gegen Feng Shui breit. In den sechziger Jahren des 20. Jahrhunderts wurde dies durch die Kulturrevolution noch übertroffen; schließlich wurden diese Wissenschaften gänzlich verboten.

Zu dieser Zeit flüchteten viele Chinesen ins Ausland, nach Hongkong, Taiwan, in die USA oder auf die Philippinen, wo sie ihre Traditionen und das Wissen aufrechterhalten und pflegen konnten. So wurde auch Feng Shui weiterhin praktiziert, das mittlerweile nicht mehr nur Adligen oder Mächtigen zugänglich war. Interessanterweise zählen heute die 57 Millionen Auslandchinesen zur finanziell erfolgreichsten Bevölkerungsgruppe der Welt, und Feng Shui soll dabei keine unerhebliche Rolle gespielt haben. Von den Auslanddestinationen gelangte Feng Shui immer mehr in die westliche Kultur. Es erreichte Ende der achtziger Jahre zuerst die USA, dann Anfang der neunziger Jahre Großbritannien und von dort aus Deutschland.

Feng Shui – ein jahrtausendealtes Wissen, das, wie ein kostbarer Juwel, noch lange nicht alles von sich preisgegeben hat.

Mineralien und Steine im alten China und Asien

Nicht nur Feng Shui kann auf eine lange Tradition zurückblicken. Auch Mineralien und Steine haben einen festen Platz in der chinesischen bzw. asiatischen Kultur. Dies gilt ganz besonders für die Jade. Ihre Verehrung lässt sich bis zum Beginn der Jungsteinzeit zurückverfolgen, und die ersten drei- bis viertausend Jahre in der Geschichte Chinas werden sogar als »Zeitalter der Jade« bezeichnet. Sie verkörperte politische und religiöse Macht und war das Wertvollste, was man besitzen konnte.

Jade – *Yü*, das Juwel des Himmels – war darüber hinaus ein ritueller Stein. Sie stellte das Symbol der Verbindung zwischen Himmel und Erde dar, die Brücke vom Leben zur Unsterblichkeit.

Die ersten Grabbeigaben in der neolithischen Zeit waren runde Scheiben, so genannte *Bi*, die in der Mitte durchbohrt waren. Von ihrer Form her entsprechen sie den heutigen Donuts. Des Weiteren fand man Ringe oder durchbohrte Zylinder, genannt *Ts'ung*. Sie waren das Symbol der Erdgöttin.

Ein anderer mystischer Gegenstand war der Jadestein *cong* – eine quaderförmige Röhre, welche ebenfalls für religiöse Rituale genutzt wurde. Man vermutet darin die symbolhafte Verschmelzung von Erde und Himmel, da die Chinesen die Erde als eckig und den Himmel als rund ansahen. Während der Shang-Dynastie dienten zudem Zeremonialdolche oder figürliche Darstellungen aus Jade als Grabbeigabe. Den Höhepunkt bezüglich Grabausstattungen bildeten zweifelsohne die Fürstengräber der östlichen Han-Dynastie (206 v.Chr.–220 n.Chr.) Die Toten waren umhüllt von Tausenden mit Golddraht verbundenen Jadeplättchen.

Da Jade mit positiven Eigenschaften wie Güte, Gerechtigkeit, Weisheit und Aufrichtigkeit assoziiert wurde, fand sie auch immer mehr Einzug in das Reich der Lebenden. Edler Schmuck zierte die Reichen und Mächtigen; wertvolle künstlerische Jadeobjekte sowie riesige Sammlungen verzauberten die kaiserlichen Paläste des Landes. Die Motive spiegelten die ganze Bandbreite magischer, taoistischer und buddhistischer Religiosität wider sowie den chinesischen Glauben an Geister, Drachen und Dämonen. Einer der berühmtesten Jadeliebhaber war Konfuzius. Er widmete dem Juwel des Himmels folgende Zeilen:

»Für weise Männer ist Jade das Symbol aller Tugenden. Sie ist wie die Erkenntnisfähigkeit, denn sie ist glatt und glänzend. Sie ist wie die Gerechtigkeit: Ihre Kanten sind scharf, aber sie schneiden nicht. Ihr Glanz ist verhalten wie die Demut. Sie ist Musik, denn sie erzeugt einen klaren nachschwingenden Klang. Sie ist wie die Wahrhaftigkeit, denn sie versteckt nicht die Fehler, die zu ihrer Schönheit nur beitragen. Das Buch der Dichtungen besagt: Wenn ich an einen vollkommenen Menschen denke, dann erscheint er mir wie aus Jade gemacht. Das ist der Grund, warum weise Männer Jade lieben.«

Ein weiteres wichtiges Mineral in der Geschichte Asiens war und ist der Bergkristall, der übrigens in allen großen Kulturen verehrt wurde. Bereits vor 600 000 Jahren (Chou-kou-tien-Kultur) benutzte der Sinanthropus – ein Urmensch aus China – Werkzeuge aus gespaltenem Bergkristall.

Bergkristall diente aber nicht nur als Handwerkszeug, sondern galt in erster Linie als »magischer Stein«, der für Rituale, im Schamanismus sowie zum Schutz vor negativen Energien eingesetzt wurde. Besonders beliebt war in China das Kristallkugelsehen: In den Bergkristallkugeln sah man ein Abbild der »Perle der Weisheit«, die für den himmlischen Drachen der Hort des Wissens und der Erkenntnis war. Auch Tibeter oder Nepalesen betrachten ihn als Denkedelstein sowie als heiligen Stein. Da er im Himalaya seinen Ursprung hat, wird er gerne als »Edelstein der Götter« bezeichnet. Im Schamanismus ist der Bergkristall der Guru (= Lehrer eines jeden jungen Schamanen), und er wird auch oft mit dem Cintamani, dem Zauberjuwel, identifiziert, das die Kraft hat, dem Meditierenden all seine Wünsche zu erfüllen.

Insbesondere in Tibet werden aus Bergkristall viele Ritualgeräte erstellt, wie beispielsweise Geisterdolche (Phurba) und Donnerkeile (Vajra = Herr der Steine). Vor allem der Vajra aus Bergkristall, auch Diamantzepter genannt, gilt als außerordentlich heiliger Ritualgegenstand. Der Donnerkeil symbolisiert das Absolute – ebenso der reine, klare Kristall. Des Weiteren steht der Bergkristall für die höchste spirituelle Macht sowie für das Licht der Erleuchtung – beides Sinnbilder der Unzerstörbarkeit, auch für die Unzerstörbarkeit des reinen Geistes.

Ein weiterer wichtiger Stein seit dem Neolithikum ist der Türkis. Bei Ausgrabungen in Erlitou, im Osten Chinas, wurde eine Bronzetafel aus der Zeit der Xia-Dynastie (2100–1600 v.Chr.) gefunden, die über und über mit Türkisen

Geisterdolch

Kristall-Vajra

bedeckt ist. Man vermutet, dass sie zu rituellen Zwecken genutzt wurde. Auch aus der Shang-Dynastie ist ein besonders seltener Elfenbeinkrug mit Türkis-Intarsien erhalten.

In Tibet wird der Türkis bis heute als großer Schutzstein verehrt; es ist nahe liegend, dass er in China auch als solcher eingesetzt wurde. Der Türkis gilt als Schützer der Seele, und er fördert die psychische Konstitution. Ebenso Verehrung findet die Koralle. Sie wird als »Blut- und Lebensstein« bezeichnet, da sie den Blutkreislauf stärkt und die Lebenskraft fördert.

Darüber hinaus war und ist der Achat in der tibetischen Kultur von großer

Bild rechts: Chrysanthemenstein

Bedeutung. Verehrung fanden vor allem die magischen, geheimnisvollen Dzi-Steine: Achate von grauer bis bräunlicher Farbgebung mit verschieden großen, hellen Flecken und länglich – violenähnlich – geschliffen. Manchmal wurde der geschliffene Band-Achat genutzt, der ringförmige Muster aufwies. Am wertvollsten waren die Dzi-Steine mit drei oder neun hellen Flecken bzw. Ringen, die als »Mig« oder »Augen« bezeichnet wurden. Die Zahlen drei und neun spielten sowohl in Tibet als auch in China eine große Rolle. Dzi-Steine boten Schutz vor Krankheiten, wie zum Beispiel Schlaganfall; ferner wurden sie gegen den »Bösen Blick« sowie bei schwarzer Magie eingesetzt. Männer nutzten sie besonders gerne bei gefährlichen Reisen, im Kampf gegen Feinde sowie gegen Geister und Dämonen.

Mineralien und Steine nahmen und nehmen in der Meditation einen wichtigen Platz ein. In China wurde beispielsweise ein taoistisches Ritual hervorgebracht, bei dem speziell geformte heilige Steine in einem Becken mit Wasser platziert werden. Das Wasser symbolisiert den unendlichen Ozean und der Stein die »Insel der Seligen« – den Ort, an dem die »Pflanze der Unsterblichkeit« wächst.

Betrachtet man das Ganze in Verbindung mit dem Urprinzip Yin/Yang – so steht der Stein für Yang und das Wasser für Yin. Gemeinsam verkörpern sie die kosmische Einheit. Der wahrhaftige Taoist nutzt diese Anordnung als Meditationsobjekt, als Fokus für die Verzauberung seines eigenen Bewusstseins (Covello und Yoshimura 1984). Besonders begehrt für diese Meditation waren die Chrysanthemensteine, die durch ihre Kristalleinschlüsse an eine Chrysanthemenblüte erinnern.

Die Chrysanthemenblüte weckt durchwegs positive Assoziationen: So symbolisiert sie in China Langlebigkeit, Freude und Heiterkeit; seit Urzeiten wird sie in der chinesischen Kräutermedizin erfolgreich eingesetzt, und in früheren Zeiten wurde sie zur Herstellung eines Unsterblichkeitselixiers genutzt. Zudem soll sie die Lebensenergie – Qi – positiv anregen.

Interessant ist auch, dass bereits 4000 v. Chr. in der traditionellen chinesischen Medizin mit Steinen, Mineralien und Fossilien gearbeitet wurde; so zum Beispiel mit Ammoniten, die seit jeher als große Schutzsteine gelten. Ihre spiralförmigen Windungen sind ein grundlegender Bauplan des Universums, der uns überall begegnet. Der Mittelpunkt der Spirale steht für den Ursprung, ihr Ende weist ins Unendliche – weswegen Ammoniten auch als universelle Antennen bezeichnet werden. Weiter sind Drachenknochen (Dinosaurierknochen) sehr beliebt, deren Gebrauch fest in der tibetischen Medizinlehre verankert ist.

Steinheilmethoden aus der traditionellen chinesischen Medizin werden heutzutage gern in unseren Kulturkreis übernommen, beispielsweise das Arbeiten mit »heißen Steinen«: Die Steine werden auf den Rücken gelegt, um Verspannungen der Muskulatur zu lindern.

Betrachten wir nun die Bedeutung der Steine und Mineralien im Feng Shui. Laut einem chinesischen Feng-Shui-Lexikon findet das Thema erstmals Erwähnung in der Geschichte über die Erschaffung der fünf Elemente durch Nu Guo, die Schwester von Kaiser Fu Xi (ca. 2953 v. Chr.), dem legendären Entdecker der acht

Ammonit

Urzeichen des Yi Jing. Es wird erzählt, dass Nu Guo fünf verschiedenfarbige Steine nahm – stellvertretend für die fünf Elemente – und sie verschmolz, um damit den Himmel zu unterstützen; sie hat den Fluss geteilt, um die vier Extremitäten zu erschaffen; sie hat den schwarzen Drachen getötet, um den Kontinent zu retten, und sie hat alle Asche angehäuft, um damit die Wassermassen anzuhalten. Diese Analogie beschreibt in eindrucksvoller Weise die damalige Feng-Shui-Besiedelungstechnik.

Steine und Mineralien wurden und werden bis heute zum Schutz vor negativen Energien sowie zur Optimierung des Qi-Flusses eingesetzt. Natürlich wurde seit jeher bevorzugt mit Jade gearbeitet, da sie für Asiaten der Glücks- und Schutzstein schlechthin ist. Aber auch Obsidian, Lapislazuli, Fluorit oder Malachit werden gerne genutzt.

Im Außenbereich arbeitet man mit großen Findlingen und Steinen, die zusätzlich oft mit Schriftzeichen und Inschriften verstärkt werden bzw. wurden – diese Praxis reicht bis ins Neolithikum zurück. Darüber hinaus werden häufig kleine Mäuerchen um den Stein gebaut, die auf der energetisch ungünstigen Seite eine konvexe Form annehmen, um so den negativen Einflüssen nochmals entgegenzuwirken.

In der traditionellen chinesischen Astrologie, die ja eng mit Feng Shui verknüpft ist, spielen Steine ebenfalls eine tragende Rolle. Durch entsprechende Steinsetzungen im Raum können beispielsweise ungünstige kosmische Energieeinflüsse gemildert oder positive noch zusätzlich verstärkt werden. In China wird hier gerne mit der figürlichen Darstellung der einzelnen Tiere der zwölf Tierkreiszeichen gearbeitet, wie zum Beispiel Drache, Hund, Tiger, Hase oder Pferd.

Westliche Geomantie

Nicht nur in China, sondern auch in Europa wusste man um die Energien der Erde, um die feinstofflichen Kräfte in der Natur. Die westliche Geomantie war in allen alten Kulturen (zum Beispiel Kelten, Germanen) oder bei Bruderschaften (zum Beispiel Rosenkreuzer) bekannt. Sie alle hatten umfangreiche Kenntnisse, wie man die Kraft der Erde nutzt. In erster Linie setzten sie ihr Wissen bei der Errichtung von Kraftplätzen und Kultstätten ein sowie im sakralen Bereich, beim Bau von Kirchen und Klöstern. Kulturelle Zeugnisse dieser Zeit sind zum Beispiel die Kathedrale Santiago de Compostela in Spanien, die die Pilger am Ende des Jakobsweges vorfinden, oder Stonehenge im Süden von England.

Wie stark die Kraft dieser Orte auch heute noch ist, bezeugen die vielen Besucher, die jährlich zu diesen Plätzen pilgern, um sich mit der Energie zu verbinden und die Kraft in sich aufzunehmen. Leider ist durch das Eingreifen der Kirche viel von dem Wissen verloren gegangen bzw. verdrängt worden. Kundige Geomantinnen, Geomanten wurden der Hexerei bezichtigt und entsprechend verfolgt und bestraft. Erst in den letzten Jahren lebt dieses alte Wissen bei uns wieder auf. Dank der Popularität von Feng Shui gewinnt die westliche Geomantie immer stärker an Bedeutung.

Übung

Bevor ich Sie mit den Feng-Shui-Prinzipien vertraut mache, möchte ich Sie zu einer kleinen Übung zur Schulung des Raumbewusstseins einladen.

Nehmen Sie sich Zeit für diese Übung, und führen Sie diese am besten alleine und ungestört durch. Legen Sie einen Notizblock und Stift bereit, stellen Sie Telefon, Radio, TV und ähnliche Geräte ab. Entspannen Sie sich, atmen Sie einige Male tief durch, und versuchen Sie eine offene, zentrierte Haltung einzunehmen. Begeben Sie sich nun auf eine kleine Reise …

Glückliche Umstände haben es Ihnen ermöglicht, eine lange, lange Weltreise zu unternehmen und sich vom Alltag eine Weile zurückzuziehen. Sie sind kreuz und quer durch die Welt gereist und haben viele fremde Menschen, Länder und Kulturen kennen gelernt. Nachdem drei Jahre vergangen sind und Sie Ihre Seele genährt haben mit vielen verschiedenen Impressionen und Erlebnissen, spüren Sie auf einmal ein Gefühl von Heimweh. Sie vermissen Ihre Freunde, Ihre Familie und Ihr Zuhause, und so entschließen Sie sich zur Heimreise. Gesagt – getan, am nächsten Tag sitzen Sie im Flugzeug, und ab geht's nach Hause. Während Sie im Flieger (oder im Zug) sitzen, denken Sie an Ihr Zuhause und an die Menschen, die dort auf Sie warten. Malen Sie sich jetzt schon Ihre Ankunft aus.

Welches Gefühl meldet sich in Ihnen, wenn Sie an Ihr Zuhause denken? Freuen Sie sich auf Ihre Wohnung, Ihr Haus? Treten Gefühle von Wohlbehagen, Geborgenheit und Wärme auf, oder melden sich eher Gefühle wie Ablehnung, Kälte und Ungemütlichkeit? Nehmen Sie alles wahr – in einer offenen, neutralen Haltung ohne Bewertung –, und notieren Sie sich Ihre Eindrücke.

Nun ist es soweit, Sie sind wieder zu Hause und stehen vor Ihrer Wohnungstür/Haustür. Dies können Sie sowohl mental als auch ganz konkret durchführen, indem Sie sich vor Ihre Eingangstür stellen. Beobachten Sie die folgenden Schritte genau.

Sie stehen also vor Ihrer Eingangstür, ein bisschen aufgeregt nach dieser langen Zeit und sperren auf. Sie öffnen die Tür und treten ein. Was empfinden Sie exakt in diesem Moment? Haben Sie das Gefühl, dass Ihre Wohnung Sie willkommen heißt, oder haben Sie das Gefühl, dass Sie am liebsten kehrtmachen würden? Fällt Ihnen ein Gegenstand, ein Möbelstück störend ins Auge? Ist der Flur hell und freundlich, oder wirkt er eher wie ein dunkles Loch auf Sie? Nehmen Sie alle Impulse, Gedanken und Bilder wahr, und notieren Sie sie.

Nachdem Sie nun eingetreten sind und Ihren Flur und den Eingangsbereich betrachtet haben, betreten Sie das erste Zimmer – auch hier wieder mit einer aufmerksamen, offenen Haltung, ohne zu bewerten. Sie stehen zum Beispiel im Wohnzimmer: Begeben Sie sich in die Mitte des Raumes, betrachten Sie ganz bewusst den Raum, und beobachten Sie, wie Sie sich dabei fühlen. Drehen Sie sich auch einmal ganz langsam mit ausgebreiteten Armen um Ihre eigene Achse – mit offenen oder geschlossenen Augen –, und spüren Sie den Raum. Haben Sie dabei ein offenes, leichtes, angenehmes Gefühl, oder empfinden Sie eher Druck, Enge, Schwere? Gibt es unterschiedliche Bereiche in diesem Raum, die beispielsweise eine helle und freundliche oder eine dunkle, schwere, stagnierende Qualität haben? Gibt es Möbel und Gegenstände, die Sie stören oder die Ihnen besonders angenehm und positiv auffallen? Fühlen Sie sich ruhig, geborgen und geschützt oder eher unruhig, hektisch und schutzlos? Was immer Sie fühlen oder welche Bilder und Gedanken Ihnen in den Sinn kommen, nehmen Sie sie wahr. Betreten Sie nun den nächsten Raum, und beginnen Sie erneut mit Ihrer Raumwahrnehmung. Betrachten Sie schließlich Raum für Raum.

Auf diese Weise können Sie intuitiv das Energie- und Raumpotenzial Ihrer Räume erfassen. Sie erhalten wertvolle Hinweise, wo Veränderungen bzw. Optimierungen stattfinden sollen.

Übrigens, Sie können diese Übung immer wieder durchführen, und es ist auch völlig in Ordnung, wenn Sie nicht alle Räume auf einmal untersuchen, sondern Ihre Räume nach und nach erspüren. Vergessen Sie nicht den Spaß dabei – es soll Ihnen Freude machen und Sie inspirieren.

Feng-Shui-Basiswissen

»Der Beginn von allem ist Nichts, und aus diesem Nichts, entsteht alles.« Diese taoistische Weltbetrachtung weist auf das unbegrenzte, unsichtbare und unbeschreibliche Potenzial des Universums hin. Da dieses universelle Potenzial für uns Menschen letztlich nicht fassbar ist, bleibt jeder Versuch der Beschreibung unzulänglich. Um auch nur annähernd eine Vorstellung davon zu bekommen, wählte man folgende Analogie:

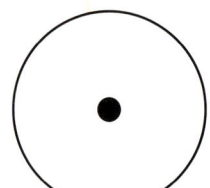

Die Urenergie, Wu Qi genannt, wird durch einen Kreis dargestellt, der sowohl die Leere als auch die Fülle versinnbildlicht. Im Tao Te King heißt es: »Wu Qi ist die Mutter der zehntausend Dinge.«

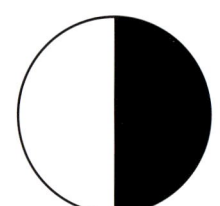

Wenn dieser vollendete Kreis, der im Chinesischen symbolisch auch für ein unbefruchtetes Ei steht, mit einer Samenzelle befruchtet wird, dargestellt durch einen Punkt im Kreis, verwandelt und transformiert sich dieser Kreis, und Leben entsteht. Dies ist die Geburt von Yin und Yang.

Im dritten Kreis wachsen die beiden Potenziale Yin und Yang heran. Sie dehnen sich soweit aus, bis sie den gesamten Raum des Kreises ausfüllen. Sie sind jedoch noch nicht in Bewegung und wirken mehr wie Pole eines Magnetfeldes. Dargestellt wird dies durch eine dunkle und eine helle Kreishälfte.

Yin und Yang entwickeln sich weiter. Wo sich Yang am stärksten ausdrückt, weicht Yin zurück, und wo Yang abnimmt, dehnt sich Yin aus. Sowohl im Yin als auch im Yang findet sich bereits der Same des Gegenpols wieder. Dadurch entsteht Dynamik – ein harmonisches Gleichgewicht im unablässigen Wechselspiel.

Yin und Yang

Heiß und kalt, hell und dunkel, unten und oben, weich und hart – wo auch immer wir uns im Universum bewegen, wir treffen auf die polaren Kräfte Yin und Yang.

Sie zählen zu den wichtigsten Grundlagen der chinesischen Philosophie und wurden erstmalig im Yi Jing, dem Buch der Wandlungen (ca. 700 v. Chr.), verwendet.

Während der Periode der »Zeit der Streitenden Reiche« (476–221 v. Chr.) erlangte die Theorie von Yin und Yang ihre höchste Ausformung, und sie erhielt den Namen Yin-Yang-Schule. Manchmal wird auch die Bezeichnung Naturalismusschule verwendet, um damit das Handeln in Harmonie mit den Naturgesetzen zu beschreiben.

Betrachten wir die Schriftzeichen von Yin und Yang, so bezieht sich Yin auf die Schattenseite und Yang auf die Sonnenseite des Hügels. Im Shijing (Klassiker der Lieder, ca. 1045–771 v. Chr.) finden wir noch weitere Bezeichnungen. So steht Yin auch für kaltes, trübes Wetter, für einen wolkenbedeckten Himmel oder eine dunkle, kühle Kammer. Yang wiederum steht für Wärme, Sonnenbestrahlung und für die günstige Lage einer Hauptstadt. Wir können bereits hier die räumlichen, zeitlichen und klimatischen Aspekte erkennen, welche bis heute im Feng Shui Gültigkeit haben.

Einige Beispiele aus der heutigen Zeit verdeutlichen das Wechselspiel von Yin und Yang: Die Seite des Gebäudes, welche im Sonnenlicht liegt, ist Yang und die schattige Seite Yin. Die Seite des Hauses, die an einer stark befahrenen Straße liegt, ist Yang, im Vergleich zur ruhigen, nach hinten ausgerichteten Seite, die das Yin symbolisiert. Im Inneren eines Hauses ist das Schlafzimmer Yin und der aktive Bereich, wie zum Beispiel das Wohnzimmer, Yang.

Das Yin-Yang-Symbol Tai Ji

YANG	YIN
Sonne	Mond
Offen	Geschlossen
Hart	Weich
Männlich	Weiblich
Licht	Schatten
Aktion	Ruhe
Wohnzimmer, Büro	Schlafzimmer
Holzboden/Parkett	Teppich
Extrovertiert	Introvertiert
Tag	Nacht
Berg	Tal
Bewegtes Wasser (Fluss)	Berg (unbewegt)
Plus	Minus
Warm	Kalt
Feuer	Wasser
Rot, Gelb	Blau, Schwarz
Rund	Rechteckig, quadratisch
Zeugt	Wächst
Energie	Materie
Immateriell	Materiell

Yin und Yang sind sowohl konträre als auch sich ergänzende Pole; sie sind immer nur gemeinsam existent – ohne Yin kein Yang und umgekehrt. In ihnen spiegelt sich der unaufhörliche Wandel aller Dinge – nichts ist fest oder statisch. Alles verändert sich unaufhörlich und geht ineinander über.

Dies gilt auch für unsere Betrachtungen und Analysen. Was soeben im Sonnenlicht (Yang) erschien, liegt jetzt im Schatten (Yin) einer Wolke, und der Raum, der gerade noch gefüllt mit Menschen war (Yang), ist jetzt ruhig und leer (Yin). Wenn wir Yin und Yang bestimmen möchten, müssen wir immer klar die Bezugspunkte definieren.

Prinzipiell wird eine Harmonie und ein Gleichgewicht von Yin und Yang angestrebt. Ein zu starker Yang-Anteil ist ebenso ungünstig wie zu viel Yin. Beides führt auf Dauer zu Problemen und Blockaden und sollte ausgeglichen werden. Diesen Ausgleich können Sie beispielsweise durch entsprechend farbliche Gestaltung von Räumen und Gebäuden erzeugen. Formen und Materialien beeinflussen ebenso die Energiequalität: Dreieckige, runde und ovale Formen evozieren mehr Yang, während quadratische und rechteckige Formen die Yin-Energie fördern. Teppiche und Vorhänge betonen den Yin-Aspekt in einem Raum, während Stein- und Parkettböden sowie offene Fensterfronten den Yang-Aspekt stärken.

Wenn Sie mit Mineralien und Steinen arbeiten möchten, können Sie auf der Formebene mit Pyramiden, Spitzen, rund geschliffenen Trommelsteinen, Kugeln oder oval geformten Steinen das Yang stärken, während Sie mit rechteckigen und kubischen Formen das Yin betonen. Darüber hinaus sollten Sie natürlich die Eigenschaften sowie die Farbgebung der einzelnen Mineralien bei der Auswahl hinzuziehen. So ist der rote Jaspis geradezu klassisch als Yang-Stein einsetzbar, da er für Dynamik und Tatkraft steht und Rot zu den Yang-Farben zählt. Dolomit wiederum fördert mehr die Yin-Qualitäten durch seine beruhigende, stabilisierende Wirkung sowie durch seine bräunlich-beige Farbgebung.

Roter Jaspis

Die acht Trigramme

Die Entdeckung der acht Trigramme *Himmel*, *Erde*, *See*, *Berg*, *Feuer*, *Wasser*, *Donner* und *Wind* werden dem legendären Kaiser Fu Xi (2953 v. Chr.) zugeschrieben; sie stellen die acht Urzeichen des Yi Jing (Buch der Wandlungen) dar, aus denen sich die insgesamt vierundsechzig Hexagramme – acht mal acht Trigramme – bilden.

Das Yi Jing ist ein Orakel- und Weisheitsbuch, dessen Ursprünge bis in die Xia-Dynastie (2205–1766 v. Chr.) zurückreichen; man arbeitete damals mit einem dem Yi Jing ähnlichen System, genannt Lian shan. Aus der Shang-Dynastie (1766–1122 v. Chr.) sind ebenfalls Orakelknochen und Schildkrötenpanzer erhalten, die schon auf eine frühe Form des Yi Jing hinweisen. Die uns heute bekannte Form des Yi Jing bildete sich in der Zhou-Dynastie, also in der Zeit von 1122 bis 221 v. Chr.

Stein mit Yi-Jing-Symbol

Das Herzstück des Buches der Wandlungen ist das Urprinzip Yin und Yang. Wenn sich diese Pole vereinigen, entstehen als Erstes vier Diagramme, bestehend aus zwei übereinander liegenden Linien, sowie die fünf Wandlungsphasen (= fünf Elemente). Yin (= – – offene Linie) als weiblicher Pol erzeugt zwei Töchter; Yang (= — geschlossene Linie), der männliche Pol, zwei Söhne. Da auf dieser Ebene das Tai Ji integriert wird, ergeben sich daraus die fünf Wandlungsphasen und deren Zuordnungen.

In den vier Diagrammen selbst drücken sich die vier Urkräfte aus. Alles im Universum läuft in Zyklen ab; es gibt zum Beispiel vier Jahreszeiten, vier Tageszeiten oder vier Mondzyklen. Sie widerspiegeln das Gesetz des Aufstiegs, des Höhepunkts sowie des Abstiegs und des Vergehens.

Aus diesen Diagrammen ergeben sich wiederum die acht Urzeichen/Urtrigramme des Yi Jing. Jedes Trigramm besteht aus drei Linien, die von unten nach oben geschrieben werden. Die unterbrochene Linie steht für Yin, die durchgezogene Linie für Yang. Sie symbolisieren die Energietransformation und stellen die unterschiedlichen Naturerscheinungen wie Donner, Berg, See, Wasser, Himmel, Wind, Feuer und Erde dar.

Des Weiteren repräsentieren sie die Trinität: Himmel, Mensch und Erde sowie die drei Raumkoordinaten: Länge, Breite und Höhe. Auch die einzelnen Himmelsrichtungen werden den Trigrammen zugeordnet sowie die fünf Wandlungsphasen und die Zahlen des Lo Shu, des magischen Quadrats. Zudem repräsentieren die acht Trigramme die einzelnen Lebensphasen eines Menschen sowie seine persönlichen Entwicklungsstufen.

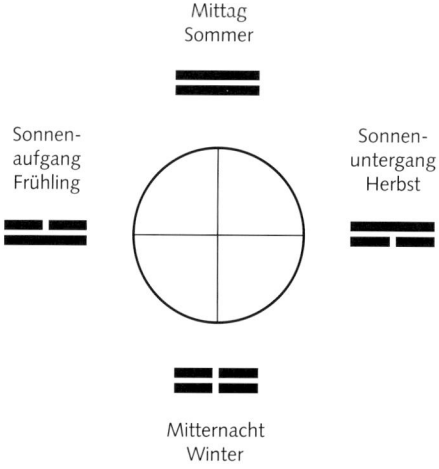

Mittag
Sommer

Sonnen-
aufgang
Frühling

Sonnen-
untergang
Herbst

Mitternacht
Winter

Vier Zyklen in Diagrammen dargestellt

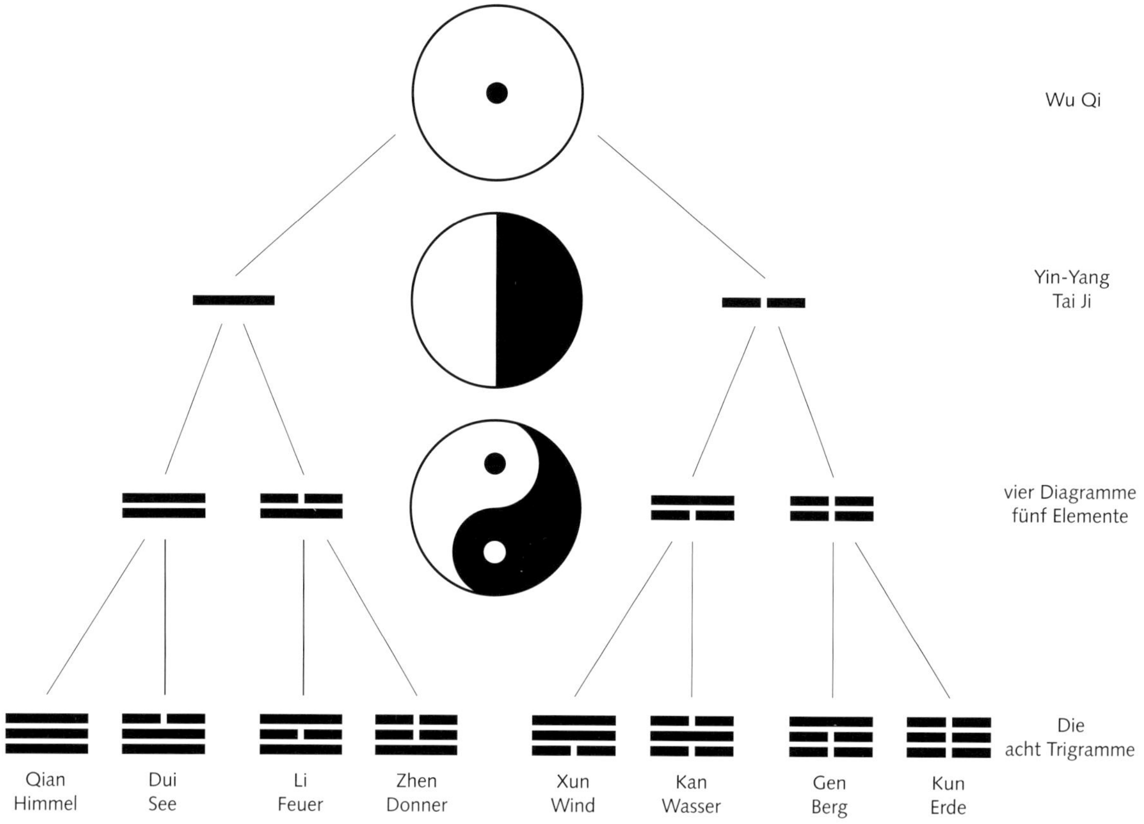

Wu Qi

Yin-Yang
Tai Ji

vier Diagramme
fünf Elemente

Die
acht Trigramme

Qian	Dui	Li	Zhen	Xun	Kan	Gen	Kun
Himmel	See	Feuer	Donner	Wind	Wasser	Berg	Erde

Die Entstehung der acht Trigramme

Qian – der Himmel – die Schöpferkraft – der Vater

Dui – der See – das Heitere – die jüngste Tochter

Li – das Feuer – das Haftende – die mittlere Tochter

Zhen – der Donner – das Erregende – der älteste Sohn

Xun – der Wind – das Sanfte und Durchdringende – die älteste Tochter

Kan – das Wasser – das Abgründige – der mittlere Sohn

Gen – der Berg – das Stillhalten – der jüngste Sohn

Kun – die Erde – das Empfangende und Nährende – die Mutter

Die acht Trigramme bilden auch die Basis der Energielandkarte Ba Gua, wo sie sich in einer so genannten vorhimmlischen und späthimmlischen Anordnung ausdrücken (siehe auch »Das Ba Gua und die Zuordnung von Mineralien und Steinen«, Seite 50).

Die vorhimmlische Sequenz, auch Fu Xi Ba Gua genannt, stellt die energetischen Kräfte in einem vollkommenen, stabilen und ausgeglichenen Kräfteverhältnis dar. Die einander jeweils gegenüber liegenden Trigramme bilden immer ein sich ergänzendes Paar, zum Beispiel Himmel und Erde, Donner und Wind usw. Dadurch werden zwar die einzelnen Energien aufgezeigt, aber nicht ihre Interaktion und Bewegung. Durch das Fehlen jeglicher Dynamik entsteht hier Stillstand, weswegen diese vorhimmlische Sequenz in erster Linie im Yinzhai Feng Shui, also zur Ausrichtung von Gräbern, genutzt wird.

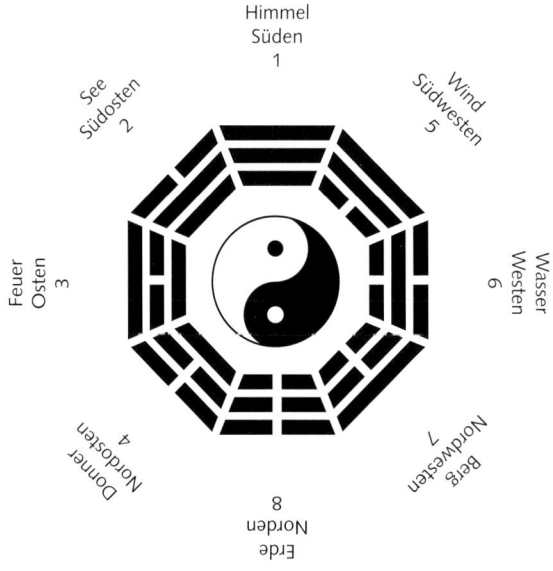

Sequenz des frühen Himmels, Fu Xi Ba Gua

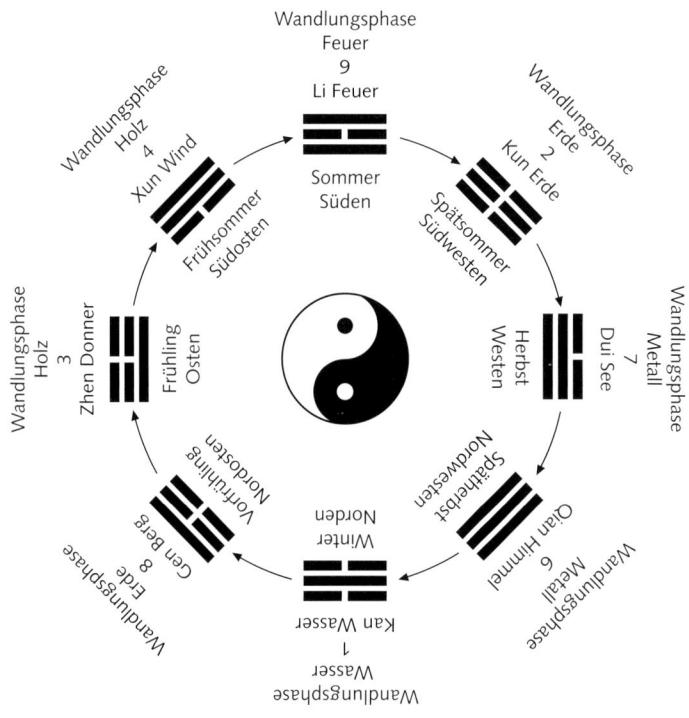

Sequenz des späten Himmels, Wen Wang Ba Gua

Betrachten wir die späthimmlische Sequenz, Wen Wang Ba Gua genannt, sehen wir, dass durch die veränderte Platzierung der Trigramme Bewegung und Aktion entstehen. Diese Anordnung symbolisiert den immer wiederkehrenden Prozess des »Stirb und Werde«. Die Geburt findet immer im Trigramm Zhen – dem Zeichen des Donners – statt. Hier ist der Sonnenaufgang, die Himmelsrichtung Osten und als Jahreszeit der Frühling. Von dort geht es im Uhrzeigersinn durch die einzelnen Trigramme und entsprechenden Entwicklungsstufen, bis wir wieder zur Ausgangsposition zurückkehren und erneut in den Kreislauf des Lebens eintauchen. Die Sequenz des späten Himmels wird im Yangzhai Feng Shui zur Bewertung und Analyse von Gebäuden und Grundstücken eingesetzt.

Qi – Lebenselixier und Vitalkraft

»Alles in diesem Universum ist reine Energie, und ich scheue mich nicht, es Gott zu nennen.« Was in der chinesischen Kultur seit Urzeiten bekannt war, brachte Albert Einstein mit diesem Zitat viele Jahrhunderte später für die westliche Zivilisation auf den Punkt.

Qi, die Lebensenergie, ist *der* Urstoff, der alles durchdringt, der in allem pulsiert und auf den alles aufbaut. Das Wissen um die Lebensenergie ist in vielen anderen Kulturen präsent: In Indien wird sie als *Prana* bezeichnet, in Afrika bei den Bewohnern der Steppe Kalahari *n-um*, in Japan *Ki*. In der abendländischen Tradition haben sich die Begriffe *Geist* oder *Hauch Gottes* etabliert.

Qi, die universelle Energie, ist die Basis und das Bindeglied folgender asiatischer Lehren und Techniken:

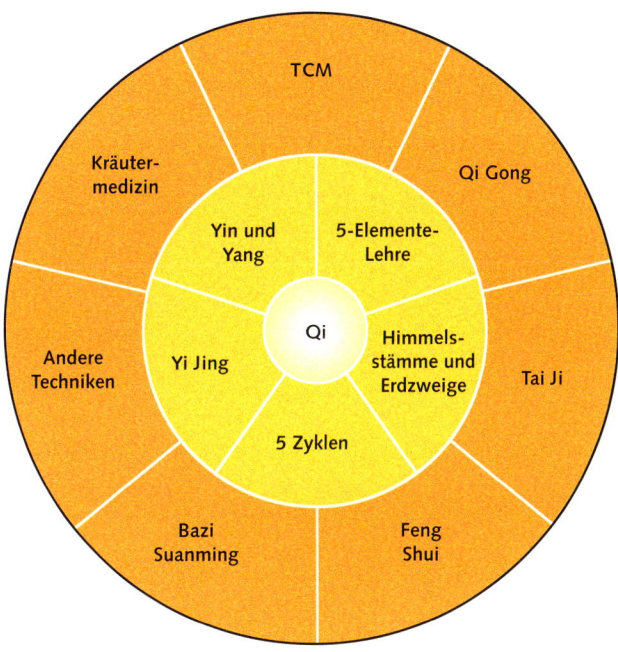

Vom Herzzentrum (Qi) aus bilden sich die Lehre der fünf Wandlungsphasen (fünf Elemente), das Urprinzip Yin und Yang, das Yi Jing (acht Trigramme), die fünf Zyklen sowie die Himmelsstämme und Erdzweige. Daraus entsteht der nächste Ring mit den einzelnen Techniken, wie zum Beispiel Feng Shui, TCM (traditionelle chinesische Medizin) oder Bazi Suanming (chinesische Astrologie). Das universelle Prinzip »Alles ist mit allem verbunden« wird hier deutlich sichtbar.

Eine chinesische Weisheit besagt: »Der Mensch erhält sein Qi von Himmel und Erde. Die Einheit des Qi des Himmels und der Erde wird menschliches Wesen genannt.«

Der Philosoph Dong Zhongshu beschreibt sehr treffend, wie Qi im Raum zirkuliert: »Im Universum gibt es yin-qi und yang-qi. Die Menschen sind stets davon umhüllt, gleich einem Fisch, der vom Wasser umgeben ist. Der Unterschied zwischen Qi und Wasser ist, dass man die Turbulenzen des letzteren sehen kann, wohingegen die des Qi unsichtbar sind. Die Existenz des Menschen im Universum ist wie die Fische im Wasser. Das Qi kann man überall finden, es ist jedoch nicht so zähflüssig wie Wasser. Der Vergleich von Qi mit Wasser ist wie der von Wasser mit Schlamm. So scheint im Universum nichts vorhanden zu sein, und doch gibt es eine Substanz. Die Menschen befinden sich stets in dieser umherwirbelnden Masse; ob sie sich in Ordnung oder Unordnung befinden, sie werden von diesem Strom getragen« (Chunqiu fanlu 17/146; vgl. Bosslet 1999: 36).

Der Kernpunkt einer jeden Feng-Shui-Analyse ist immer die Bewertung der vorhandenen Qi-Ressourcen. Beurteilt werden der Qi-Fluss sowie die Qi-Menge und Qi-Qualität, die in dem jeweiligen Gelände, Gebäude oder Raum vorhanden sind. Hier treffen wir auf zwei grundlegende Begriffe:

Sheng Qi steht für Qi, das sanft, stetig und harmonisch durch unsere Räume zirkulieren kann und in optimaler Menge und Qualität vorhanden ist. *Sha Qi* bezeichnet Qi, welches in ungenügender Menge vorhanden sowie im Qi-Fluss gestört ist. So kann die Qi-Menge durch Tür-Fenster-Linien gemindert werden, da das eintretende Qi sofort wieder über das Fenster den Raum verlässt; der Fluss des Qi kann ebenso durch blockierende Gegenstände oder Gerümpel gestaut werden. Solche Störungen können sich, wenn sie nicht behoben werden, hemmend und ungünstig auf unser Energiefeld (Aura) auswirken. Eine langfristige Störung unseres Energiefeldes kann sowohl zu physischen als auch psychischen Störungen und Problemen führen.

Zum tieferen Verständnis der Qi-Bewegung trägt eine Erklärung aus dem wohl ältesten, erhaltenen Feng-Shui-Handbuch, dem Zang Shu, bei: »Das Qi von Yin und Yang verbindet sich und wird zu Wind, steigt auf und wird zu Wolken, fällt dann als Regen nieder und versickert in der Erde. Dort wird es zu üppigem Qi. Erde ist der Körper des Qi; wenn es Erde gibt, ist auch Qi vorhanden. Das Qi ist die Mutter des Wassers. Wenn Qi vorhanden ist, ist auch Wasser vorhanden. Die Klassiker sagen: Wo sich die Erde formt, da fließt Qi, und dadurch entsteht das Leben. Wo Qi in der Erde fließt, werden die zehntausend Wesenheiten geschaffen. Der Fluss des Qi und sein Ankommen und Sammeln werden durch die Form der Erde bestimmt« (Guo Pu guben Zangjing; vgl. Bosslet 1999: 36, 37).

Wie in der traditionellen chinesischen Medizin so ist auch im Feng Shui das Ansammeln von Qi der grundlegende Fokus, denn Qi gilt in der chinesischen Philosophie als Inbegriff des Lebens selbst. Auf den Menschen bezogen, finden wir bei Zhuangzi folgende Definition: »Das Leben des Menschen ist eine Ansammlung von Qi. Sammelt es sich, bedeutet dies Leben, zerstreut es sich, bedeutet dies den Tod« (Zhuangzi 22:6/138; vgl. Bosslet 1999: 37).

Zur Darstellung des Qi-Flusses in der Erde hat man häufig den menschlichen Körper zum Vergleich herangezogen; dies tat u.a. der Philosoph Guanzi: »Die Berge formen sich, und das Wasser folgt dieser Form. Die Wasserläufe sind wie die Adern des menschlichen Körpers. Am Fluss des Wassers kann man erkennen, wie der Fluss des Qi in den Bergen verläuft« (Dili zhengzong jiyao: 146; vgl. Bosslet 1999: 37).

Um ein Ansammeln von Qi zu ermöglichen, ist es wichtig, die verschiedenen Qi-Arten zu kennen. Im Folgenden liegt das Augenmerk auf Sha Qi und seinen Quellen. Wir unterscheiden zwischen Yin-geprägtem Sha, das sich durch Stagnation und Mangel ausdrückt, und Yang-geprägtem Sha, das sich durch zu schnellen, turbulenten Qi-Fluss sowie durch zu starke Konzentration ausdrückt.

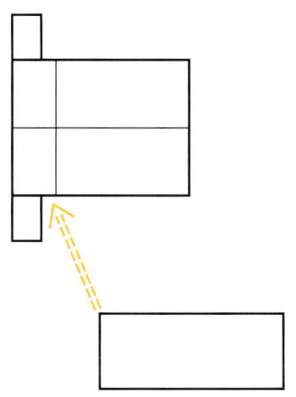

Übersicht der häufigsten Sha-Qi-Quellen

Scharfe, spitze und vorspringende Kanten und Ecken, die uns wie versteckte Pfeile attackieren. Diese Energiepfeile, auch schneidendes Qi genannt, gehören zum Yang-geprägten Sha und werden gebildet von Möbeln, Deckenbalken und Stützpfeilern, im Außen von Dachgiebeln und Hauskanten der Nachbarhäuser, Kirchturmspitzen, Säulen, einzelnen Bäumen, Laternenmasten.

Korrekturmöglichkeit
Möbel mit runden Formen wählen bzw. Ecken und Kanten mit zum Beispiel Pflanzen oder Seidentüchern verdecken. Runde und ovale Steine sowie Steinkugeln besänftigen und wandeln schneidendes Qi in positives Qi. Im Außenbereich mit Pflanzen arbeiten sowie hemmende Energien mit zum Beispiel Obsidian-Spiegel, Rosenkugeln, Ba-Gua-Spiegel oder anderen reflektierenden Gegenständen zerstreuen.

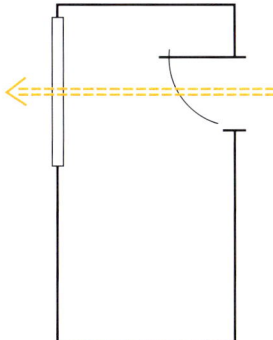

Tür-Fenster-Linien sowie Fenster- und Glasfronten von der Decke bis zum Boden (Yin-geprägtes Sha).

Korrekturmöglichkeit
Bergkristall-Donuts ins Fenster hängen, um den Energieverlust zu stoppen.

Gerümpelecken und vollgestopfte Schränke, Regale und Schubladen (Yin-geprägtes Sha).

Korrekturmöglichkeit

Regelmäßig aufräumen und entrümpeln ist der beste Schutz gegen ungewolltes Sha-Qi.

Abstellkammern, Stauräume, Zimmer ohne Fenster, leerstehende Räume (Yin-geprägtes Sha).

Korrekturmöglichkeit

Auch hier auf Ordnung achten sowie auf regelmäßiges Reinigen, Entrümpeln und Lüften. Mit Licht und Farbe kann hier Energie aktiviert werden.

Blockierende Gegenstände gegenüber der Eingangstür (Yin-geprägtes Sha).

Korrekturmöglichkeit

Wenn möglich, Gegenstände entfernen, denn der Eingangsbereich sollte möglichst offen und frei sein; falls dies nicht geht, dann nutzen Sie zum Beispiel Rosenkugeln oder einen Ba-Gua-Spiegel, um den hemmenden Energieeinfluss zu zerstreuen, und platzieren Sie im Inneren des Hauses ein Objekt, zum Beispiel ein Bild, das Raum und Weite symbolisiert.

Toilette gegenüber der Eingangstüre (Yin-geprägtes Sha).

Korrekturmöglichkeit

Bringen Sie einen Spiegel außen an der Toilettentür an. Die Größe sollte ca. 20 × 30 cm betragen.

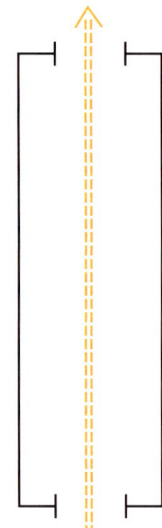

Langer, gerader Flur, gerade Straße und Wege sowie geradlinig verlaufende Wasserläufe (Yang-geprägtes Sha).

Korrekturmöglichkeit

Im Flur können Sie abwechselnd links und rechts versetzt mit größeren runden oder ovalen Steinen, Bildern, Licht oder Pflanzen arbeiten, um den Qi-Fluss zu bremsen. Sollte ein gerader Straßen- oder Wegverlauf auf Ihren Eingang zielen, dann kann man mit einer Steinsetzung arbeiten oder ebenfalls einen Ba-Gua-Spiegel bzw. Rosenkugeln zur Zerstreuung des Sha einsetzen.

Die fünf Wandlungsphasen

Ein weiterer elementarer Baustein im Feng Shui ist die Lehre der fünf Wandlungsphasen (Wu-Xing), welche auch als Lehre der fünf Elemente bezeichnet wird und für die dynamischen Bewegungsprozesse in der Natur, analog verkörpert durch die fünf Elemente Holz, Feuer, Erde, Metall und Wasser, steht. Es ist möglich, alles im Universum diesen fünf Elementen zuzuordnen, da sie sowohl stoffliche als auch nichtstoffliche Energien, Schwingungen, Formen und Qualitäten repräsentieren. Sie wurden früher auch als die fünf Fähigkeiten (Wu Cai; Cai = Fähigkeit, Talent, Material) bezeichnet.

Die fünf Wandlungsphasen bilden auch bei anderen asiatischen Lehren und Techniken eine grundlegende Struktur, zum Beispiel in der chinesischen Astrologie und Ernährungslehre, im Qi-Gong und natürlich in der traditionellen chinesischen Medizin.

Zu den einzelnen Elementen lassen sich Energiequalitäten, Jahreszeiten, Farben, Formen, Materialien, Zeitphasen (Stunde, Monat und Jahr), Organe, Emotionen sowie die Haupt-Himmelsrichtungen wie folgt zuordnen:

Elemente	Holz	Feuer	Erde	Metall	Wasser
Jahreszeit	Frühjahr	Sommer	Übergansphasen April, Juli, Oktober, Januar	Herbst	Winter
Himmelsrichtung	Osten	Süden	Mitte	Westen	Norden
Energiebewegung	nach oben/außen	gerade nach oben aufsteigend	um die Achse kreisend	nach innen	gerade nach unten
Landschaft	Wald, Natur, hohe Berge	spitze Berggipfel	Plateau, flacher Hügel	hügelige Landschaft	Meer, See, Bach
Form	hoch, rechteckig, Säulenform	Dreieck, Pyramide	Kubus, Würfel, Quadrat	Kreis, Oval, Halbkreis, Kugel, Kuppel	wellenförmig, unregelmäßig
Farbe	alle Grüntöne	alle Rottöne, Orange, kräftiges Gelb	dunkle Gelbtöne, Braun, Beige	Weiss, Silber, Gold, Violett, Grau	Blau, Schwarz
Muster	vertikale Streifen	Dreiecke, Zacken	marmoriert, Querstreifen	Punkte, Bögen	Wellenlinien, ungleiche Muster
Material	Holz, Bambus, Kork	Plastik, Leder	Terrakotta, Stein, Keramik, Beton, Porzellan	alle Metalle	Wasser und Glas
Geschmack	sauer	bitter	süß	scharf	salzig
Emotionen	Zorn	Freude	Grübeln	Traurigkeit	Angst
Organe	Leber, Galle	Herz, Dünndarm	Bauchspeicheldrüse, Milz, Magen	Lunge, Dickdarm	Niere, Blase

5-Elemente-Tabelle

Anhand der fünf Elemente können Sie bei der Feng-Shui-Analyse im Außen wie im Innen energetische Unstimmigkeiten aufspüren und ausgleichen sowie positive Energieaspekte extra stärken. Auch bei der Feng-Shui-Arbeit mit Mineralien und Steinen sind die fünf Elemente von besonderer Bedeutung. Energiequalität, Form und Farbe des jeweiligen Elements spielen bei der Steinauswahl eine entscheidende Rolle. So lassen sich den einzelnen Elementen in einer ersten Zuordnung folgende Steine/Mineralien zuordnen:

Holz	Malachit, Peridot
Feuer	Roter Jaspis, Sonnenstein
Erde	Dolomit, Mahagony-Obsidian
Metall	Amethyst, Bergkristall
Wasser	Blauer Chalcedon, Lapislazuli

Die Form der Steine und Mineralien kann die Qualität des jeweiligen Elements zusätzlich verstärken. Kugeln und Donuts zählen zur Wandlungsphase Metall, Dreiecke und Pyramiden gehören zur Wandlungsphase Feuer, der Würfel bzw. die Kubusform stehen für die Erde, während die Säulenform zum Element Holz gehört. Wellenförmige, unregelmäßige Formen, Strukturen und Muster symbolisieren die Wandlungsphase Wasser.

Im Feng Shui können alle zeitlichen Abläufe (Stunde, Tag, Monat und Jahr) dem entsprechenden Element zugeordnet werden. Jede einzelne Zeitphase erhält somit eine spezifische Energieschwingung und -qualität, die sich wiederum auf Raum und Mensch auswirken.

Im Jahr 2002 waren wir zum Beispiel in einem Wasser-Feuer-Pferde-Jahr, wobei die erste Hälfte des Jahres mehr vom Einfluss des Elements Wasser geprägt war und die zweite Hälfte verstärkt unter dem Einfluss des Feuers stand. Da Wasser und Feuer sich in einem so genannten Kontrollzyklus befinden, war dieses Jahr von einem Spannungsaspekt beeinflusst. Diese Elementeenergien können sich in Form von Naturereignissen und im schlimmsten Fall in Form von Naturkatastrophen zeigen. So wie das im Jahre 2002 leider geschah, als in vielen Teilen Europas und Russlands extreme Regenfälle und Überflutungen (Element Wasser) herrschten und teilweise zeitgleich unbeschreibliche Brände (Element Feuer) in Australien, den USA sowie Frankreich ganze Landstriche verwüsteten. Darüber hinaus herrschten in vielen Regionen und Ländern, zum Beispiel in Griechenland oder der Türkei, extreme Dürre (Element Feuer) und Hitze (Element Feuer). Gewiss trägt die globale Erderwärmung und Umweltverschmutzung zu diesen Klima- und Naturkatastrophen ebenso bei. Die fatalen Auswirkungen zeigen sich jedoch meist in der zeitlich bedingten Elementeenergie.

Die traditionelle chinesische Astrologie, die eng mit Feng Shui verknüpft ist, geht davon aus, dass jede Person mit den einzelnen Elementeenergien gestärkt und unterstützt werden kann. Anhand der Geburtsdaten einer Person ist es möglich, ein individuelles Elementeprofil zu erstellen, das Auskunft gibt, welche Ele-

Bild rechts: Lapislazuli

mente besonders förderlich sind und welche eher einen hemmenden Einfluss auf die Person ausüben. Sind die förderlichen Elemente bekannt, können wir mit Hilfe eines Lebensphasenprofils, das in Zehn-Jahr-Dekaden unterteilt ist, feststellen, wann wir positive Elementezeiten zur Verfügung haben und wann es für uns besonders wichtig ist, sich mit stärkenden Elementeenergien zu umgeben. Mit diesen Erkenntnissen wird es möglich, unseren Lebensplan sowohl nach zeitlichen als auch räumlichen Qualitätsfaktoren zur beurteilen und präventiv entsprechende Maßnahmen zu ergreifen.

Fallbeispiel

Eine astrologische Persönlichkeitsanalyse ergab, dass für Frau Müller die Elemente Holz und Feuer besonders günstig sind. Sie kann nun in ihrem persönlichen Umfeld, beispielsweise an ihrem Schreibtisch oder zu Hause in ihrem Schlafzimmer, diese Elemente durch Symbole, Formen, Farben oder Materialien einsetzen. Unterstützend wäre sicherlich ein schöner Rosenquarz auf ihrem Schreibtisch oder neben ihrem Schlafplatz. Frau Müller könnte ihre Bettwäsche in den Farben Rosa oder Lindengrün (die den Elementen Holz/Feuer entsprechen) wählen – allerdings sollte hier auch der Partner mitberücksichtigt werden. Natürlich können die förderlichen Elemente auch bei der farblichen Zusammenstellung der Kleidung berücksichtigt werden; ebenso bei der Auswahl von Accessoires und Schmuck. Sie könnte eine Rosenquarzkette tragen (Element Feuer) oder einen Malachitanhänger, der das Element Holz repräsentiert.

Die fünf Wandlungsphasen bieten bei der Gestaltung und Harmonisierung unserer Räume eine Vielzahl an Möglichkeiten; auch zur Stärkung der Persönlichkeit wirken sie unterstützend. Wichtig hierfür ist jedoch nicht nur das Wissen, wie die fünf Elemente zugeordnet werden; entscheidend ist auch, wie sie miteinander in Beziehung stehen. Es gibt sowohl *harmonische* als auch *hemmende* Elementeinteraktionen. Diese Wechselwirkungen werden in verschiedenen Zyklen dargestellt:

Erzeugungs- oder Schöpfungszyklus: In diesem Zyklus befinden sich alle Wandlungsphasen in einer förderlichen, harmonischen, ausgeglichenen Interaktion und nähren sich gegenseitig. Wie die Mutter ihr Kind nährt, so erzeugt und nährt eine Wandlungsphase die andere: Holz nährt das Feuer, welches die Erde hervorbringt, die wiederum das Metall gebiert, welches das Wasser erzeugt, das das Holz hervorbringt.

Wenn wir uns in einem solch ausgewogenen, spannungsfreien Umfeld bewegen, nehmen wir dies bewusst oder unbewusst wahr, und wir fühlen uns wohl und entspannt.

Kontrollzyklus: Dieser Zyklus zeigt uns, welche Elemente in der Kombination Disharmonie erzeugen, und wo es zu Spannungen kommt.

So zerstört Holz die Erde, die Erde saugt das Wasser auf, das Wasser löscht das Feuer, das Feuer schmilzt Metall, und Metall schneidet Holz. Je stärker und umfangreicher diese Spannungsfelder in unserer Umgebung vorkommen, umso stärker ist ihr Einfluss. Dies führt unter anderem dazu, dass man sich in diesem

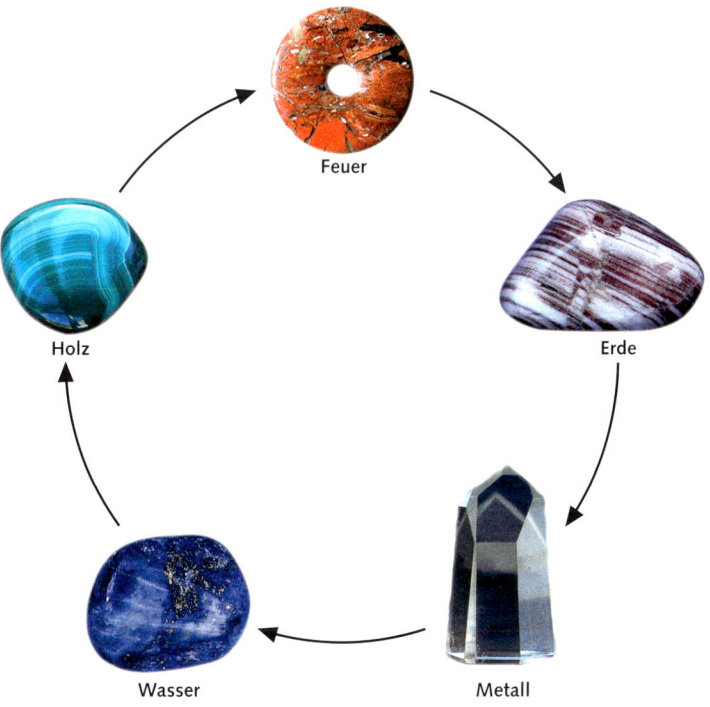

Erzeugungszyklus

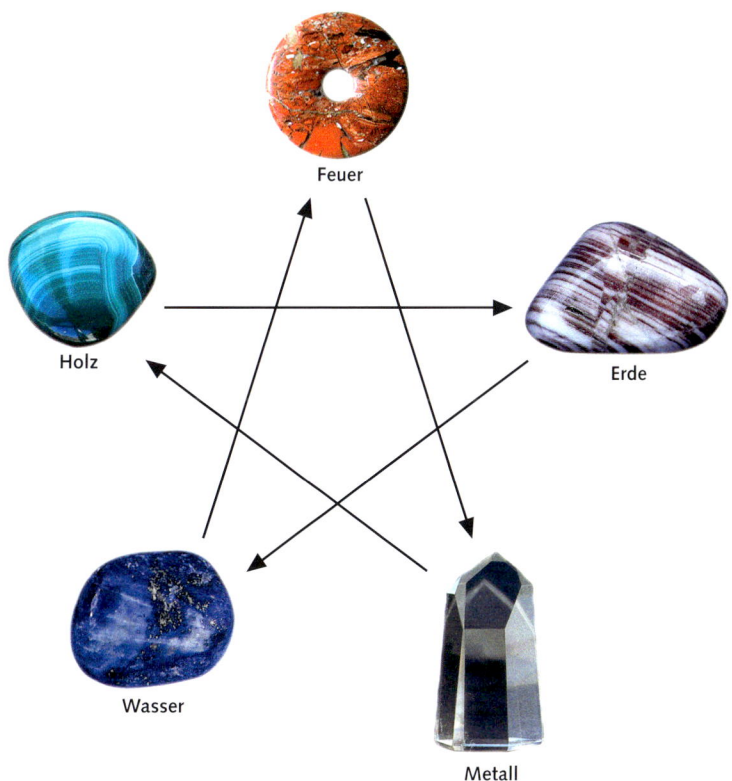

Kontrollzyklus

Raum nicht sonderlich wohl fühlt oder dort eine gereizte, aggressive Stimmung herrscht.

Allerdings möchte ich betonen, dass nicht immer alle Konflikte ungünstig sind. Von Fall zu Fall kann eine gewisse Spannung sogar erwünscht sein oder ein so genanntes Feindelement zur Schwächung eines extrem starken Elements eingesetzt werden. In solchen Fällen ist es nie verkehrt, sich auch mal Rat von einem Experten zu holen.

Wenn Sie aber den Kontrollzyklus ausgleichen möchten, dann setzen Sie den dritten Zyklus ein, den ich den *Entspannungs-Zyklus* nenne. Wie ein guter Freund, eilt ein drittes Element herbei, welches sich zwischen die beiden Spannungselemente stellt und dadurch für Ruhe und Harmonie sorgt.

Konfliktelemente	*Entspannungselement*
Holz und Erde	Feuer
Erde und Wasser	Metall
Wasser und Feuer	Holz
Feuer und Metall	Erde
Metall und Holz	Wasser

Fallbeispiel

In Ihrem Wohnzimmer oder Arbeitszimmer ist das Element Erde zum Beispiel durch Parkett, braune Schränke, Schreibtisch, cremefarbene Accessoires usw. stark vertreten. Die Wände sind in einem zarten Blauton gestrichen, welche das Element Wasser repräsentieren. Da Erde und Wasser in einem Elementekonflikt stehen, befinden Sie sich in einem Elementespannungsfeld, sobald Sie sich in diesem Raum aufhalten. Dies können Sie nun ausgleichen, indem Sie das Entspannungselement einsetzen und somit die Spannung lösen. Das Entspannungselement ist hier Metall. Sie können eine Amethystdruse, die dem Element Metall zugeordnet ist, in diesem Raum aufstellen oder auf Ihrem Schreibtisch eine Bergkristallkugel platzieren. Auch eine edle Metallschale oder Klangschale, in die Sie einige Chalkopyrit-Trommelsteine legen, kann Abhilfe schaffen. Des Weiteren sind auch andere Metallgegenstände für eine Ableitung geeignet.

Natürlich gibt es noch andere Einflüsse, die bei einer Raumanalyse betrachtet werden müssen. Da es aber um das Grundverständnis der einzelnen Prinzipien geht, habe ich klare und einfache Beispiele gewählt, die leicht nachvollziehbar sind und Ihnen als Erste-Hilfe-Maßnahmen zur Verfügung stehen.

Die vier Tiere der Landschaft

Seit jeher stehen die vier Tiere der Landschaft – Phönix, Drache, Tiger und Schildkröte – symbolisch für Formationen und Erhebungen in der Natur und der umliegenden Landschaft. Übertragen auf die heutige Zeit können wir damit Hügel, Berge, Nachbarhäuser, Mauern, Hecken und sonstige Gebilde in Bezug auf das entsprechende Wohnhaus analysieren. Da die Anordnung der vier Tiere analog die Form eines Lehn- oder Armstuhls ergibt, wird diese Technik auch Lehnstuhlprinzip genannt.

In die formale Betrachtung eines Gebäudes müssen Sie immer die nähere Umgebung und die Landschaft miteinbeziehen: Ist Ihr Haus harmonisch eingebettet oder durch ein anderes Gebäude oder Bauwerk bedroht? Ist Ihr Haus im Rücken geschützt, oder blicken Sie kilometerweit auf eine offene freie Fläche? Ist der Eingangsbereich durch ein anderes Gebäude blockiert, oder verfügen Sie über einen schönen, offenen freien Vorplatz? Diese Fragen müssen geklärt werden, denn nur so können Sie erkennen, ob das Qi einen optimalen Zufluss zu Ihrem Grundstück bzw. Gebäude hat, dort frei weiterfließen kann und dieses ebenso ungehindert wieder verlassen kann.

Der Bezugspunkt, von dem alles ausgeht, ist immer das Haus; es repräsentiert zeitgleich das Zentrum. Die vier Tiere werden von dort aus angeordnet: Stellen Sie sich mit dem Rücken zur Hausfront, den Blick nach vorne gerichtet. Maßgeblich für die Front des Hauses ist immer das größte Yang, also dort, wo die größte Aktivität herrscht und der stärkste Energiezufluss zum Haus ist. In den meisten Fällen stimmt dies mit dem Haushaupteingang überein – dies muss aber nicht immer so sein.

Betrachten wir nun die einzelnen Tiere, ihre Position und Funktion.

Roter Phönix

Der rote Phönix hat seinen Platz vor dem Haus, seine Aufgabe besteht darin, Qi anzusammeln, damit es in Fülle zur Verfügung steht. Am idealsten ist es, wenn sich vor dem Haus eine offene, freie Fläche befindet, die auch Ming Tang, Halle des Lichts, genannt wird. Diese Fläche sollte auf keinen Fall blockiert sein, denn hier tritt die Energie in das Gelände ein. Besonders günstig ist an dieser Stelle aktives Wasser, da es ein Maximum an Qi anzieht. Hinter dem Ming Tang steht nun der rote Phönix in Form einer sanften Erhebung. Dieser Hügel sorgt dafür, dass das Qi nicht wieder vom Grundstück abfließt und so erhalten bleibt. Der rote Phönix repräsentiert glückliche »Zu-Fälle« und günstige Gelegenheiten. Ist hier ein Sha-Qi-Einfluss, eine Blockade oder fehlt der rote Phönix gänzlich, dann symbolisiert dies verpasste Chancen.

Korrekturmöglichkeit

Fehlt der rote Phönix, dann platzieren Sie im Außen einen großen Stein, der symbolisch für den fehlenden Hügel steht. Die Korrektur im Inneren des Hauses können Sie zum Beispiel mit einem großen Sonnenstein, einem roten Jaspis, Granat oder Rubin sowie einem Stein-Phönix durchführen. Sollte der Phönix blockiert sein, können Sie mit Licht korrigieren. Stellen Sie eine Salzkristalllampe oder Kerzen an die Hausinnenwand, die den Phönix repräsentiert. Natürlich können auch Lichtquellen im Außen installiert werden, um Qi anzuziehen. Darüber hinaus eignen sich zur Korrektur Bilder, die Weite und Offenheit symbolisieren.

Grüner Drache

Der grüne Drache ist ein Yang-Tier. Als größtes Glückssymbol in China symbolisiert er Karriere, Erfolg, Anerkennung und Wohlstand. Er befindet sich an der linken Seite des Hauses/Grundstücks. An dieser Stelle fließt das Qi in das Gründstück ein, und es ist wichtig, dass die Drachenseite bzw. der Drachenhügel immer höher liegt als die rechte Seite, die Tigerseite. Ist der Geldfluss blockiert oder stagniert die Karriere, können dies Hinweise auf Störungen der Drachenseite sein.

Korrekturmöglichkeit

Platzieren Sie im Inneren des Hauses an der Drachenseite zum Beispiel einen Drachen aus Jade oder Aventurin; ein größerer Trommelstein aus Jade, Aventurin oder Peridot eignet sich ebenso. Im Außenbereich können Sie beispielsweise größere Bäume oder Büsche pflanzen oder einen Hügel anlegen. Allerdings sollte der Drachenhügel nicht zu nahe am Haus errichtet werden; er sollte auch nicht bedrohlich wirken in Größe und Form, um die positiven Eigenschaften des Drachens nicht zu schwächen.

Weißer Tiger

Auf der rechten Hausseite ruht der weiße Tiger. Seine Themen sind Gesundheit, Familienharmonie und Beziehungen. Der Tiger, repräsentiert durch einen Hügel, Büsche oder das Nachbarhaus, sollte schlafen bzw. liegen, also immer tiefer und niedriger sein als der Drache, um Konflikte und Streitereien sowie Aggressivität zu vermeiden. Erderhebungen, Gebäude sowie Pflanzen und Bäume sollten auf der Tigerseite niedriger sein als auf der Drachenseite, damit das Qi sanft abfließen kann. Auch Wasser ist auf der Tigerseite ungünstig, da es die Energie ebenfalls nicht abfließen lässt.

Korrekturmöglichkeit

Ist der Tiger zu hoch, zum Beispiel wegen des Nachbargebäudes, kann mit dem Symbol eines schlafenden Tigers gearbeitet werden. Außerdem muss die Drachenseite mit den entsprechenden Symbolen gestärkt werden. Fehlt der Tiger, können Sie eine Tigerfigur, zum Beispiel aus Schneequarz, an der Tigerseite im Hausinneren aufstellen oder dort einfach nur ein Stück Schneequarz platzieren. Im Garten kann man kleinere Büsche und Hecken pflanzen sowie Steinsetzungen vornehmen. Wasser sollte gänzlich in diesem Bereich vermieden werden.

Schwarze Schildkröte

Die schwarze Schildkröte gibt dem Haus Rückendeckung und sorgt dafür, dass die Energie, die über den grünen Drachen auf das Gründstück zufließt, nicht gleich wieder abfließen kann, sondern von dort sanft zum Tiger gleitet. Sie sollte die größte Erhebung auf dem Gelände sein. Idealerweise folgen hinter der Schildkröte noch eine Reihe weiterer Hügel und Berge. Sie steht für Schutz, Sicherheit, Ressourcen, Erholung und Lebensqualität. Fehlt sie, kann man sich unsicher und schutzlos fühlen; man ist leicht angreifbar und empfänglich für Intrigen aus dem Hinterhalt, wie zum Beispiel Mobbing. Eine Straße oder fließendes Wasser im Rücken des Hauses sind ebenso ungünstig. Sie stehen für verpasste Chancen – Möglichkeiten fließen sozusagen hinter dem Rücken vorbei.

Korrekturmöglichkeit

Fehlt die Schildkröte, so kann sie in Form einer Jade-Schildkröte oder durch einen großen Trommelstein, zum Beispiel Obsidian, an der Rückseite, im Inneren des Hauses ergänzt werden. Besonders schön und bestens geeignet sind auch Amethystdrusen, die durch ihre Form einen Berg symbolisieren, der den Rücken vor Übergriffen schützt. Im Außen können Bäume, schöne große Findlinge oder auch Steinskulpturen eingesetzt werden. Bei Intrigen und Mobbingattacken ist es hilfreich, einen Obsidianspiegel aufzuhängen bzw. aufzustellen, um die negativen Energien und Attacken zurück- bzw. wegzureflektieren. Stellen Sie den Spiegel so auf, dass die gewölbte Seite Richtung Landschaft zeigt, und befestigen Sie an der Rückseite noch einen Bergkristall-Donut, um »Licht ins Dunkle« zu senden.

Das Ba Gua – die Energielandkarte der Räume

Eines der wohl wichtigsten Analyse-Instrumente zur Bestimmung der Energiezonen im Raum ist das Ba Gua, weshalb ich es gerne als die Energielandkarte eines Raumes oder Gebäudes bezeichne. Den Begriff »Akupunkturkarte« finde ich ebenso treffend, denn nach einer fundierten Feng-Shui-Analyse können ganz gezielt »Nadeln« in Form von Symbolen im Raum zur Harmonisierung und Vitalisierung gesetzt werden.

Ba Gua wurde ursprünglich mit »Die acht Zeichen« (ba = acht und gua = Zeichen) übersetzt. Diese acht Zeichen stehen für die acht Urzeichen bzw. Trigramme des Yi Jing und bilden somit den Kern des Ba Guas.

Wie bereits erwähnt, unterscheiden wir zwei Formen von Ba Guas: Die Sequenz des frühen Himmels (Fu Xi Ba Gua oder auch Xian Tian Ba Gua), welche für die geistigen, noch nicht materialisierten Einflüsse verwendet wird, so zum Beispiel als Schutzsymbol vor Sha Qi oder für das Ausrichten von Gräbern; und die Sequenz des späten Himmels (Wen Wang Ba Gua oder Hou Tian Ba Gua), die für die materielle Welt steht; sie wird für unsere Analyse von Räumen, Häusern und Grundstücken eingesetzt.

Die einzelnen Ba-Gua-Bereiche umfassen jeweils 45-Grad-Sektoren, welche in Form eines Achtecks oder Kreises angeordnet sind. In der Mitte des Ba Guas befindet sich ein neunter Bereich – das Tai Ji –, in dem die Energien aller acht Bereiche zusammenfließen. Jeder Ba-Gua-Bereich verkörpert die dem jeweiligen Trigramm zugeordneten Themenkomplexe, wie zum Beispiel Himmelsrichtung, Element, Zahl, Lebensthema, Familienmitglied sowie Gesundheit.

Ba-Gua-Bereich	Trigramm-name	Himmels-richtung	Element Naturbild	Farbe	Lo-Shu-Zahl	Familien-mitglied	Lebensthema
Beruf/Karriere	Kan	Norden	Wasser, Ozean, Meer	Blau, Schwarz	1	Mittlerer Sohn	Beruf = Berufung, seinen Lebensweg finden. Im Fluss sein, Lebensreise, Gefühle, Emotion und Kommunikation
Wissen/Spiritualität	Gen	Nordosten	Kleine Erde, Berg	Braun, Gelb, Orange, Beige	8	Jüngster Sohn	Streben nach Wissen, Lernen und Lehren, Persönlichkeitsentwicklung, Stabilität, Sicherheit, Meditation, Kontemplation
Familie/Gesundheit	Zhen	Osten	Grosses Holz, Donner	Grüntöne	3	Ältester Sohn	Familiäre Beziehungen, Gesundheit, Aktivität, Impulse, Kreativität, Energie, Neubeginn, Ahnen, Vorgesetzte
Fülle/Wohlstand	Xun	Südosten	Kleines Holz, Wind	Grüntöne	4	Älteste Tochter	Fülle, Wachstum, Finanzen, Glück, Chancen und Möglichkeiten, Erfolg, Umsatz
Ruhm/Anerkennung	Li	Süden	Feuer	Rot	9	Mittlere Tochter	Charisma, Selbstbewusstsein, Licht, Sonne, Intellekt, klarer Verstand, Geist, Anerkennung, Ruhm, Höhepunkt
Beziehungen/Partnerschaft	Kun	Südwesten	Große Erde	Gelb, Orange, Beige	2	Mutter/Ehefrau	Nährend, emfangend, das Weibliche, die Göttin, sich öffnen füreinander, Austausch, Partnerschaft, Beziehungen
Kinder/Kreativität	Dui	Westen	Kleines Metall, See	Weiß, Silber, Grau, Gold, Violett	7	Jüngste Tochter	Pläne, Projekte, Ernte (was wir im Osten säen, ernten wir im Westen), Genuss, Lebensfreude, Ästhetik, Erotik und Sinnlichkeit, Kinder
Hilfreiche Freunde	Qian	Nordwesten	Großes Metall, Himmel	Weiß, Silber, Gold, Grau, Violett	6	Vater/Ehemann	Unterstützung und Hilfe von Freunden, Mentoren, Schutzengel, Schöpferkraft, Inspiration von oben, Vater, Chefin/Chef, Führungsperson, Organisation und Planung
Mitte/Zentrum	Tai Ji	Zentrum	Erde	Braun, Gelb, Orange, Beige	5		Einfluss von allen 8 Bereichen; das Herz des Gebäudes sollte immer offen und frei sein, hier ist die größte Kraft

Zuordnungen zu den einzelnen Ba-Gua-Bereichen

Allgemein wird eine Unterscheidung getroffen zwischen dem *Drei-Türen-Ba-Gua* und dem *Kompass-Ba-Gua*.

Fülle und Wohlstand	Ruhm und Anerkennung	Beziehung und Partnerschaft
Familie Gesundheit	Mitte/Tai Ji	Kinder und Kreativität
Wissen	Beruf und Karriere	Hilfreiche Freunde

Drei-Türen-Ba-Gua

Das Drei-Türen-Ba-Gua ist ein sehr simplifiziertes Modell, welches sich Mitte der achtziger Jahre entwickelte. Da seine Handhabung sehr einfach ist, erfreut es sich gerade bei Einsteigern äußerster Beliebtheit. Es wird der Formenschule zugeordnet, das heißt der Bezugspunkt ist immer die Haus-, Wohnungs- oder Zimmertür, durch die das Qi eintritt – und nicht die effektiven Himmelsrichtungen. Das Drei-Türen-Ba-Gua bezieht sich rein auf die einzelnen Lebensbereiche »Beruf und Karriere«, »Wissen und Spiritualität«, »Hilfreiche Freunde« usw. Dadurch entsteht auf der Interpretationsebene ein gewisser Mangel, da tiefere und weiterführende Themen (zum Beispiel Gesundheit, Persönlichkeitsstruktur) nicht miteinbezogen werden. Gerne wird diese Technik als »Fast-Food-Feng-Shui« oder »Hausfrauen-Feng-Shui« bezeichnet. Für Einsteiger, die etwas spielerisch ihre ersten Gehversuche im Feng Shui machen möchten, ist das Drei-Türen-Ba-Gua nichtsdestotrotz sicherlich eine Möglichkeit, sich dem Thema anzunähern.

Wer tiefer in die Materie einsteigen möchte, sollte auf alle Fälle das *Kompass-Ba-Gua* benutzen. Hier wird mit den Energiequalitäten der acht Urzeichen und den effektiven Himmelsrichtungen gearbeitet sowie mit der ganzen Themenvielfalt, die sich aus den acht Trigrammen und ihren Zuordnungen ergeben. So können beispielsweise in einer Analyse die einzelnen Familienmitglieder miteinbezogen oder gesundheitliche Probleme betrachtet werden. Alle Korrektur- bzw. Aktivierungsmaßnahmen greifen hier langfristig; sie sind sehr intensiv und tragen effektiv zur Optimierung der Raum- und Lebensqualität bei. Übrigens kann das Ba Gua nicht nur auf eine gesamte Wohnfläche, sondern auch auf einzelne Räume, auf einzelne Wohnetagen und Grundstücke sowie auf den Schreibtisch übertragen werden.

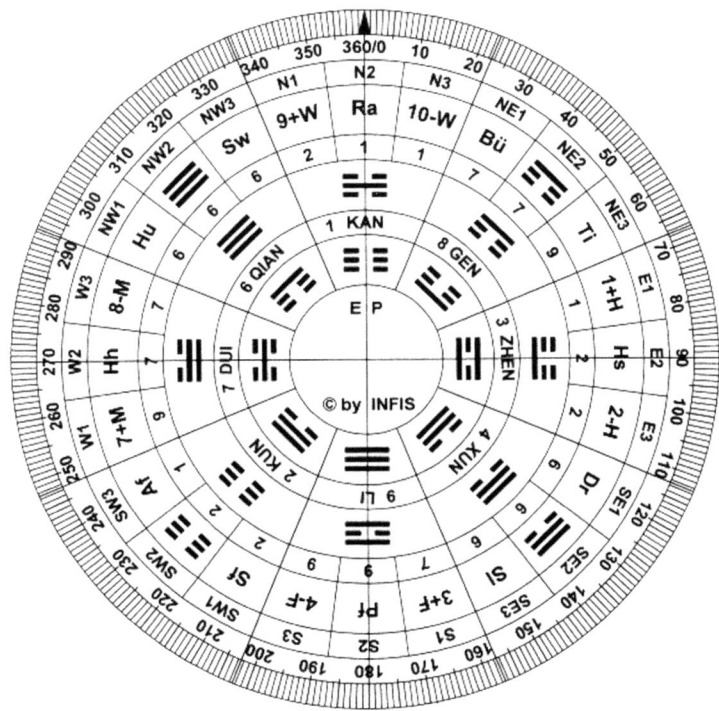

Kompass-Ba-Gua

Das Ba Gua kann noch weitere wichtige Energieinformationen liefern hinsichtlich der Form des Raumes oder Gebäudes. Anhand der Energielandkarte lässt sich erkennen, ob es Fehlbereiche gibt bzw. Sektoren, die besonders stark ausgeprägt sind. Diese Fehl- oder Überschussbereiche können durch den Grundriss eines Hauses bzw. einer Wohnung entstehen, da nicht jedes Gebäude eine quadratische oder rechteckige Form hat. Beispielsweise hat die zu analysierende Wohnung eine L- oder U-Form. Dadurch kommt es in einem oder mehreren Ba-Gua-Bereichen zu Fehlbereichen, das heißt in diesem Raum fehlt das Energiepotenzial des entsprechenden Ba-Gua-Bereichs vollständig oder ist nur unzureichend vorhanden. Erker, Wintergärten, Anbauten sowie Einbuchtungen durch Nachbarwohnungen und Gebäude können solche Fehl- bzw. Überschussbereiche bewirken.

So kann zum Beispiel ein Erker einen Überschussbereich erzeugen, der den Ba-Gua-Bereich »Beruf- und Karriere« betrifft. Das heißt, in diesem Bereich steht Ihnen zusätzliche Energie zur Verfügung. In den meisten Fällen ist dies als positiv zu bewerten, kann aber manchmal auch Probleme bringen. Hier bedarf es einer genaueren Analyse.

Das Ba Gua und die Zuordnung von Mineralien und Steinen

Alle Phänomene lassen sich den acht Trigrammen zuordnen; sie bilden den Ursprung der einzelnen Ba-Gua-Bereiche. Auch Steine und Mineralien können den Guas zugeordnet werden; zur »Aktivierung«, »Betonung«, oder »Ergänzung« des jeweiligen Lebensbereiches bieten Steine und Mineralien eine hervorragende Unterstützung. Da die einzelnen Ba Guas ebenfalls über physische und psychische Themen Auskunft geben, können gezielt Heilsteine als *unterstützende Maßnahme* bei homöopathischen oder medizinischen Therapien eingesetzt werden. Die Heilsteine ersetzen aber keinesfalls die Therapie bei Ihrem Heilpraktiker oder Arzt.

Bei der Auswahl der Steine waren neben den gesundheitlichen Aspekten das dem jeweiligen Ba-Gua-Bereich zugedachte Element und die Lebensthemen bestimmend. Weiter habe ich die umfangreichen Erfahrungswerte aus meiner Arbeit und intuitives Wissen einfließen lassen.

Beruf und Karriere – Trigramm Kan

Der Bereich »Beruf und Karriere« wird dem Element Wasser zugeordnet. Wasser steht symbolisch für den Lebensweg, den Lebensfluss oder auch die Lebensreise – für das Tao des Lebens. Hier wird uns gezeigt, wie wir unsere Talente und Möglichkeiten ein- bzw. umsetzen, wie wir in unserer beruflichen Laufbahn vorankommen und ob unser Beruf wirklich unsere Berufung ist. Der »Lebensfluss« beinhaltet auch die Freiheit, den eigenen Impulsen zu folgen und so leicht und mühelos durchs Leben zu gleiten und eventuell auftauchende Hindernisse einfach zu umfließen. Diesem Ba-Gua-Bereich werden auch Kommunikation und Emotionen zugedacht. Können wir unseren Gefühlen freien Lauf lassen? Fließt die Kommunikation mit unseren Mitmenschen, oder erleben wir Stagnation und Blockade?

Weitere Zuordnungen
Himmelsrichtung:	Norden
Element:	Wasser
Farben:	Schwarz und Blau
Lo-Shu-Zahl:	Eins
Familienmitglied:	Mittlerer Sohn, Männer von 16 bis 30 Jahren
Naturbild:	Wasserfall, Fluss, Bach

Wenn es im Trigramm Kan zu Störungen kommt, kann sich dies beispielsweise in beruflichen Schwierigkeiten äußern. Nichts geht mehr richtig voran, alles kostet einen immensen Kraftaufwand. Trotz großem Engagement und guter Leistung wird man bei Beförderungen übergangen. Ist dieser Bereich durch die Form des Grundrisses verstärkt vorhanden, können sich im positiven Sinne eine Fülle an neuen Chancen auftun. Bei zu großer Dominanz kann auch eine Unausgewogenheit entstehen; es könnte dann sein, dass wir diese Fülle an beruflichen Möglichkeiten nicht richtig greifen können und uns eher davon überfordert fühlen.

Körperliche Zuordnung
Urogenitalsystem, Knochen, Ohren, Körpersäfte (Blut, Speichel, Lymphe, Samenflüssigkeit), Sexualorgane

Krankheitsbilder
Nierenerkrankung, Blasenentzündung, Blasenschwäche, Inkontinenz, Ohrenschmerzen, Osteoporose und andere Knochenerkrankungen, Menstruationsbeschwerden, gestaute Lymphe, Ödeme, Blutungen und Bluterkrankungen

Psychische Ebene
Ängste, Phobien, Panikattacken, Albträume, Süchte

Mineralien für die Betonung, Aktivierung oder Ergänzung des Bereiches »Beruf und Karriere« – Trigramm Kan
· ·
Aquamarin, Anhydrit, blauer Chalcedon, blauer Calcit, Chrysanthemenstein (schwarzweiße Variante), Covellin, Dumortierit, Labradorit, Lapislazuli, Larimar, Schörl, Schneeflocken-Obsidian, Sodalith
· ·
Amethyst, Aragonit (weiß), Bronzit, Bergkristall, Calcit (weiß), Charoit, Chalkopyrit, Diamant, Gold, Hämatit, Kupfer, Magnesit, Pyrit, Silber, Schneequarz, Topas Imperial (goldgelb)

· ·

Aquamarin, blauer Chalcedon, blauer Calcit, Dumortierit und **Schörl** werden – bedingt durch Thematik, Struktur, Material bzw. Farbgebung – in diesem Ba-Gua-Bereich eingesetzt. Die meisten dieser Mineralien haben auch einen engen Bezug zum Element Wasser, das ebenfalls dem Trigramm Kan entspricht.

Anhydrit, Chrysanthemenstein (schwarzweiße Variante), Covellin, Lapislazuli, Larimar, Sodalith und **Schneeflocken-Obsidian** entsprechen sowohl dem Element Wasser als auch dem Element Metall, was sich aus ihrer Zusammensetzung bzw. Farbstruktur ergibt. Weiße oder goldene Einschlüsse und Farbsprenkel sind dem Element Metall zugeordnet. Die blaue oder auch schwarze Farbgebung gehört dem Element Wasser an. Diese positiven Elementeverbindungen in einem Stein machen ihn besonders kraftvoll für Aktivierungen, Betonungen oder Ergänzungen, da ein Element das andere hervorbringt. Auf energetischer Ebene bewirken solche Einschlüsse eine zusätzliche Energiesteigerung. So erhält zum Beispiel Lapislazuli durch die Pyriteinschlüsse seine Durchsetzungskraft und Power.

Larimar (oben), Sodalith (Mitte links), Lapislazuli (Mitte rechts), Aquamarin (unten)

Amethyst, Aragonit (weiß), Bronzit, Bergkristall, Calcit (weiß), Charoit, Chalkopyrit, Diamant, Gold, Hämatit, Kupfer, Magnesit, Pyrit, Silber, Schneequarz, Topas Imperial (goldgelb) gehören zur Wandlungsphase Metall; da Metall das Element Wasser erzeugt, können auch sie zur Aktivierung oder Betonung in diesem Bereich eingesetzt werden.

Anhydrit besteht aus der Elementeverbindung Metall und Wasser; wenn er poliert ist, erinnert er an arktisblaues, gefrorenes Wasser. Er bietet uns Schutz und Sicherheit auf unserem Lebensweg und sorgt für die notwendige Bodenhaftung, um nicht in emotionalen Tiefen verloren zu gehen. Anhydrit ist rhombisch und verkörpert diesen Lebensstil; dieser wird oft analog als langer, ruhiger Fluss geschildert, der aber immer wieder spontane, unerwartete Änderungen bescheren kann – so wie die nächste Flussbiegung, die überraschend Neues bereithält.

Aquamarin: Da er Ausdauer und Durchhaltevermögen schenkt, ist er für den Lebensbereich »Beruf und Karriere« geradezu ideal. Er hilft, Ziele zu erreichen, Angefangenes zu vollenden und auch in schwierigen Zeiten durch alle Widerstände hindurchzugehen. Seine hexagonale Kristallstruktur verleiht zusätzlich Zielstrebigkeit und führt auf dem kürzesten Weg zum Ziel.

Blauer Calcit: So wie er das Knochengerüst stärkt und stützt, indem er den Calciumstoffwechsel anregt, so schenkt er auch Stabilität, Selbstvertrauen und Standfestigkeit. Diese Eigenschaften helfen, den eigenen Weg zu gehen und zur Berufung zu gelangen. Darüber hinaus ist er sowohl auf körperlicher als auch geistiger Ebene das Sinnbild für Wachstum.

Blauer Chalcedon und **blauer gebänderter Chalcedon:** Ein Meister der Kommunikation, der sowohl auf emotionaler Ebene als auch im zwischenmenschlichen Bereich den gemeinsamen Austausch fördert. Gerade für Menschen, die viel in der Öffentlichkeit stehen und deren wichtigstes Instrument die Stimme ist, ob nun Verkäufer oder Sänger, werden hier einen sehr hilfreichen Freund finden, der dafür sorgt, dass sie nicht ins Stocken kommen.

Covellin ist ein wundervoller Stein, der durch seinen blaugoldenen metallischen Glanz etwas Magisches erhält. In dem Ba-Gua-Bereich »Beruf und Karriere« zählt er zu meinen Lieblingssteinen. Er schenkt Kraft, Gottvertrauen und Selbstliebe auf allen Wegen; dadurch führt er zu einem liebevolleren und verständnisvolleren Umgang mit sich selbst – gerade dann, wenn man seine Ziele sehr hoch gesteckt hat und der lange Weg dorthin Ungeduld und Unzufriedenheit mit sich bringt.

Chrysanthemensteine (schwarzweiße Variante) sind für Menschen geeignet, die zu Ungeduld neigen und dabei immer mal gerne über das Ziel hinausschießen. Solch ein Verhalten ist weder privat noch geschäftlich sehr förderlich; hier kann

Labradorit

der Chrysanthemenstein helfen, mehr Geduld zu entwickeln und auf den (durch ihn initiierten) richtigen Handlungszeitpunkt zu warten, um sinnvolles und zielgerichtetes Agieren ins Leben zu integrieren.

Dumortierit: Beschwingt, heiter und leicht lässt er uns auf den Wassern unseres Lebenswegs reisen – was wünscht man sich mehr für diesen Bereich?

Labradorit gibt uns die Möglichkeit, uns auf einer ganz tiefen Ebene mit unserer Gefühlswelt auseinander zu setzen. Er schenkt uns ein tiefes Empfinden und hilft, eigene Illusionen zu erkennen, indem er sie uns nochmals sehr anschaulich und farbenprächtig (entsprechend seinem schillernden Farbenspiel) vor Augen führt. Er entlarvt Täuschungen und verhilft zu mehr Klarheit und Realitätssinn, ohne die Gaben wie Intuition oder Fantasie zu beschränken.

Lapislazuli: Ob Ramses II., mächtigster Herrscher im alten Ägypten, Alexander der Große oder König Ludwig II. von Bayern – sie alle hatten eine gemeinsame (Vor-)Liebe für diesen Stein. So ist es auch nicht verwunderlich, dass man ihm die förderliche Eigenschaft zuschreibt, dafür zu sorgen, »Herrscher im eigenen Reich« zu sein. Er zeigt, wie man Grenzen klar, aber liebevoll setzt, sodass sie von anderen respektiert und geachtet werden. Besonders in Situationen, in denen einem förm-

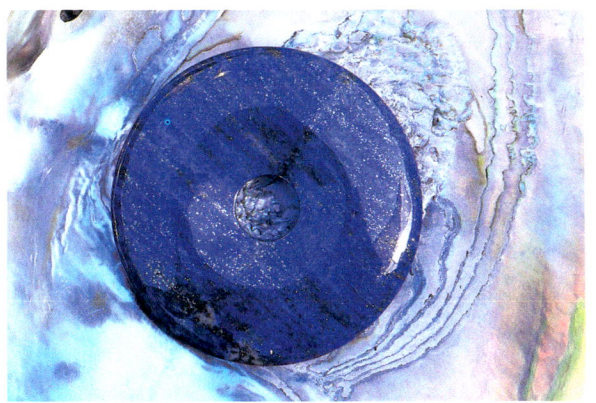

Lapislazuli   Larimar

lich das Wort im Halse stecken bleibt, ist er hilfreich. Er unterstützt uns, auch Un-angenehmes zur Sprache zu bringen und so nicht zum seelischen »Müllschlucker« zu verkümmern.

Larimar erinnert an azurblaues Wasser aus seiner Heimat Karibik und an Gefühle von Weite und Offenheit. Gerade in Zeiten, in denen alles wie blockiert er-scheint, ist dies sehr wohltuend und hilfreich. Er vermittelt Gelassenheit und Ruhe sowie die Fähigkeit, Ängste aufzulösen. Diese positiven Eigenschaften zeich-nen ihn besonders für den Ba-Gua-Bereich »Beruf und Karriere« aus.

Schörl (schwarzer Turmalin) verleiht inneren Frieden, indem er von negativen Bildern und Gedanken befreit. Wenn der Stress im Büro wieder einmal zu groß ist oder zu Hause alles drunter und drüber geht, hilft Schörl, die Situation leichter zu bewältigen; er schenkt Ruhe, Gelassenheit und Entspannung.

Sodalith schenkt Freiheit von alten, starren, verkrusteten Regeln, Vorschriften oder Dogmen. Er lässt uns unseren ureigenen Weg gehen und gibt uns die Kraft – allen Widerständen zum Trotz –, diesen zu verfolgen. Er ermutigt uns, Emotionen zuzulassen und auszudrücken. Sodalith macht den Weg frei, unser wahres Ich zu leben.

Schneeflocken-Obsidian: »Go with the flow« könnte sein Motto lauten, denn er löst Blockaden und Ängste auf; dadurch bringt er stagniertes Qi wieder in Bewe-gung. Dadurch wird man frei, kann wieder agieren und seinen Lebensweg positiv gestalten. Der Schneeflocken-Obsidian ist vulkanisches Gesteinsglas und wird durch sein Material sowie durch seine schwarze Farbe dem Element Wasser zuge-ordnet. Die weiß-gräulichen Flecken erinnern an Schneeflocken und werden dem Element Metall zugedacht. Durch die doppelte Elementeenergie ist er ein äußerst starker und kräftiger Stein für Aktivierungen und Ergänzungen in diesem Ba-Gua-Bereich.

· ·

Blasenentzündung **Heliotrop** als Trommelstein oder Scheibe bei akuter Blasenentzündung oberhalb des Schambeins auflegen. **Achat mit Blasensignatur** ist bei akuten und chronischen Fällen zu empfehlen. Anwendung wie bei Heliotrop.

· ·

Blasenschwäche, Inkontinenz **Aquamarin** hilft bei Blasenschwäche, Inkontinenz und häufigem Harndrang. Sie können ihn als Anhänger, Kette oder Trommelstein bei sich tragen. **Granat Pyrop** ist *der* Heilstein bei Blasenschwäche; er wird als Trommelstein oder Kristall oberhalb des Schambeins aufgelegt.

· ·

Ödeme, Lymphfluss **Chalcedon (gebändert)** regt den Lymphfluss an und hilft Ödeme abzubauen, indem er Verschlackungen im Gewebe und Stauungen in den Lymphbahnen löst. **Anhydrit** hilft ebenfalls beim Abbau von Ödemen.

· ·

Nieren **Jadeit** und **Nephrit** sind bereits in den frühen asiatischen Kulturen als Nierenheilsteine bekannt und werden zur Stärkung der Nierenfunktion eingesetzt. Entweder innerlich als Edelsteinessenz einnehmen oder als Trommelstein oder Scheibe in der Nierengegend auflegen. Der **Serpentin** stärkt und fördert ebenfalls die Nierenfunktion. Anwendung wie oben.

· ·

Blauer gebänderter Chalcedon

Aquamarin

Sardonyx

Ohren, Tinnitus **Sardonyx** ist der Heilstein Nummer eins bei allen Ohrenbeschwerden. Auch bei Tinnitus ist er ein sehr heilsamer Stein. Er kann als Trommelstein auf das entsprechende Ohr aufgelegt werden oder als Ohr-Olive in das Ohr eingeführt werden. **Granat Pyrop** fördert die Durchblutung und Regeneration des Innenohrs – hilfreich bei Schmerzen und Entzündungen. Kette, Anhänger oder Trommelstein können verwendet werden.

. . . .

Osteoporose **Apatit, Calcit** und **Fluorit** regen den Calciumstoffwechsel an. Dadurch erfolgt eine Stärkung und Förderung des Knochenaufbaus. Sie können einzeln oder gemeinsam getragen werden in Form von Kette, Anhänger oder Trommelstein. Die Steine längere Zeit am Körper tragen.

. . . .

Blutungen, leichte **Rhodonit, Mookait** und **Schneeflocken-Obsidian** helfen, leichte Blutungen schnell zu stillen. **Rhodonit** ist zusätzlich der beste Wundheilstein. Als Trommelstein oder Scheibe direkt auf die Wunde pressen. Die Steine vorher entsprechend reinigen!

. . . .

Menstruations-beschwerden **Serpentin** lindert Schmerzen und wirkt krampflösend. Er kann als Kette, Anhänger oder Trommelstein getragen werden. **Mondstein** bringt den Menstruationszyklus in Einklang mit dem Mondzyklus und hilft dadurch Spannungen abzubauen. Er wird als Kette, Anhänger oder Trommelstein mehrere Mondzyklen lang getragen. **Malachit** löst krampfartige Schmerzen, reguliert die Stärke der Blutung und fördert das Einsetzen bei verspäteter Periode. Als Trommelstein im Bereich der Gebärmutter auflegen.

. . . .

Angst **Dumortierit** wird auch »Take-it-easy«-Stein genannt – er hilft, das Leben leichter zu nehmen, verleiht Mut, Zuversicht und löst Ängste auf. **Sugilith** hilft Ängste überwinden und wird bei Phobien und Paranoia eingesetzt. **Schneeflocken-Obsidian** löst Ängste, Schocks und Traumen auf und ist ein hervorragender Erste-Hilfe-Stein. Alle Steine können als Trommelstein oder Anhänger getragen werden.

. . . .

Albträume	**Chrysopras** ist bei fast allen Albträumen, besonders bei immer wiederkehrenden Albträumen, sehr hilfreich. Auch wenn Kinder völlig verstört aufwachen und sich gar nicht mehr zurechtfinden, kann er helfen. Zusätzlich vermindert er die Angst vor dem Wiedereinschlafen bzw. vor dem Aufwachen. Er wird als Trommelstein unter das Kopfkissen gelegt oder als Anhänger getragen. **Achat** sorgt für tiefen, ruhigen Schlaf und wird als Scheibe ebenfalls unter das Kopfkissen gelegt.

· ·

Sucht (Arbeit, Alkohol, Drogen)	**Dumortierit:** Neben seiner angstlösenden und harmonisierenden Wirkung hilft er, zwanghaftes Verhalten zu erkennen und aufzulösen. Er wird seit langem sehr erfolgreich in der Suchttherapie eingesetzt (vgl. auch »Angst«). **Amethyst** unterstützt das Loslassen von Verhaftungen und hilft Suchtverhalten zu überwinden. Beide Steine werden als Trommelstein oder Anhänger getragen.

· ·

Jeder Ba-Gua-Bereich hat einen zeitlichen Höhepunkt; das heißt, die so genannte Trigrammuhr legt fest, wann Sie besonders effektiv Betonungen, Aktivierungen oder Ergänzungen in Ihren Räumen durchführen können.

Für das Auflegen von Heilsteinen orientieren Sie sich am besten an der so genannten Organuhr. Die traditionelle chinesische Medizin geht davon aus, dass unsere Körperorgane nicht zu jeder Tageszeit gleich aktiv sind. Jedes Organ hat seinen individuellen »Morgen«, »Mittag«, »Abend« sowie seine »Nacht«: Am »Morgen« nimmt seine Aktivität zu, am »Mittag« erreicht seine Aktivität den Höhepunkt, während am »Abend« die Leistung abnimmt; in der »Nacht« kommt es zur Ruhe. Der jeweilige »Morgen« sowie der »Mittag« sind der optimale Zeitpunkt für den Einsatz von Heilsteinen.

Sowohl bei der Arbeit im Ba-Gua-Bereich als auch mit Heilsteinen sollten Sie während den Zeitphasen »Abend« und »Nacht« möglichst keine Korrekturen vornehmen. Richten Sie sich nach der realen Ortszeit – und nicht nach der Sommerzeit.

Trigrammuhr: Die effektivste Zeit für die Setzung von Steinen und Mineralien zur Betonung, Aktivierung oder Ergänzung im Ba-Gua-Bereich »Beruf und Karriere« ist zwischen 22.30 Uhr und 01.30 Uhr.

Organuhr: Optimaler Zeitraum für den Einsatz von Heilsteinen bei folgenden Beschwerden:

Organ Harnblase:	15 bis 17 Uhr
Organ Niere:	17 bis 19 Uhr
Menstruationsbeschwerden:	19 bis 21 Uhr
Ängste, Depression, »Nicht im Fluss Sein«, »Nicht loslassen Können«:	15 bis 17 Uhr
Lymphe:	13 bis 15 Uhr

Für alle anderen Beschwerden in diesem Ba-Gua-Bereich empfehle ich, Heilsteinsetzungen während der Trigrammzeit (22.30 bis 01.30 Uhr) vorzunehmen.

Sollte Ihnen das Einhalten der oben angeführten Zeiten nicht möglich sein, dann wählen Sie die Zeit, die Ihnen entgegenkommt. Halten Sie sich gegebenenfalls an die Anweisungen Ihres Arztes bzw. Heilpraktikers. Dies gilt für alle hier angegebenen Zeitangaben bzw. -empfehlungen.

Wissen und Spiritualität – Trigramm Gen

Qualitäten wie Stabilität, Sicherheit, Festigkeit, Rückhalt, Unterstützung und Kontemplation sind in diesem Ba-Gua-Bereich zentral. Des Weiteren spielt das Thema Wissen eine bedeutende Rolle: Wissen, das durch schulische und akademische Wege erworben wird, und inneres Wissen, das sich durch Selbstreflexion, Innenschau, Meditation und Stille entfalten kann. Auch Lehren, also das Teilen/Mitteilen von Wissen, ist hier ein wichtiger Aspekt. Diesem Gua werden beispielsweise Fort- und Weiterbildung, innerbetriebliche Schulungen, Seminare und Workshops zugeordnet.

Weitere Zuordnungen

Himmelsrichtung: Nordosten
Element: Kleine Erde
Farben: Braun, Beige, Creme, Ocker, dunkles Gelb
Lo-Shu-Zahl: Acht
Familienmitglied: Jüngster Sohn, Männer von 0 bis 15 Jahren
Naturbild: Berg

Ist dieser Bereich energetisch gestört, können Schwere, Stagnation, Starrsinn und Unbeweglichkeit auftreten. Auch ein Gefühl von mangelnder Sicherheit und Stabilität kann sich zeigen; oft fehlen Ressourcen und Rückhalt. Es können sich Lernschwierigkeiten bilden; möglicherweise entsteht ein Gefühl von starkem Druck und Überforderung.

Körperliche Zuordnung
Oberer Rücken, Nacken, Schultern, Arme und Hände, männliche Geschlechtsorgane (zum Beispiel Prostata)

Krankheitsbilder
Verhärtung und/oder Verspannung der Muskulatur, Arthritis der Hände, Tennisarm, Schulter-Arm-Syndrom, Handgelenkschmerzen, Sehnenscheidenentzündung, Traumen, chronische Müdigkeit

Psychische Ebene
Apathie, Starrsinn und Gleichgültigkeit, »Null-Bock-Syndrom«

Mineralien für die Betonung, Aktivierung oder Ergänzung des Bereiches »Wissen und Spiritualität« – Trigramm Gen

. . . .

Chrysoberyll, brauner und gelber Jaspis, Bilder-, Schlangen- und Landschaftsjaspis, Dolomit, Mahagony-Obsidian, Versteinertes Holz

. . . .

Calcit (rosa), Chalcedon (rot und rosa), Erdbeerquarz, Feueropal, Granat, roter Jaspis, Karneol, Mookait, Rubin, Rosenquarz, Rhodochrosit, Rhodonit, Sonnenstein

. . . .

Chrysoberyll, brauner und gelber Jaspis, Bilder-, Schlangen- und Landschaftsjaspis, Dolomit, Mahagony-Obsidian, Tigerauge und **Versteinertes Holz** können, bedingt durch Thematik, Struktur, Material bzw. Farbgebung, für Betonungen, Ergänzungen oder Aktivierungen in diesem Ba-Gua-Bereich eingesetzt werden. Die meisten dieser Mineralien haben einen engen Bezug zur Wandlungsphase Erde – die ja diesem Bereich entspricht.

Calcit (rosa), Chalcedon (rot und rosa), Erdbeerquarz, Feueropal, Granat, roter Jaspis, Karneol, Mookait, Rubin, Rosenquarz, Rhodochrosit, Rhodonit und **Sonnenstein** entsprechen durch ihre Farbgebung oder Thematik dem Element Feuer. Da Feuer das Element Erde hervorbringt, sind auch sie bestens für die Arbeit in diesem Gua geeignet.

Chrysoberyll: Wer mit Lernschwierigkeiten, Gedächtnisschwäche, Konzentrationsmangel oder mangelnder Disziplin zu kämpfen hat, ist mit einem Chrysoberyll gut beraten. Besonders für Kinder, die unter Leistungsdruck in der Schule leiden, ist er hilfreich. Er fördert bewusstes Handeln und Denken und unterstützt auch in Situationen, wo man sich völlig überfordert fühlt.

Brauner und gelber Jaspis, Schlangen- und Landschaftsjaspis: Wenn in diesem Ba-Gua-Bereich ein Fehlbereich herrscht oder zu wenig Energie vorhanden

Schlangenjaspis

Bilderjaspis

Versteinertes Holz

ist, neigt man gerne zu Apathie und Gleichgültigkeit. Der Jaspis gibt den nötigen Impuls, Projekte und Aufgaben in Angriff zu nehmen und Durchhaltevermögen zu beweisen. Der **rote Jaspis** sorgt zusätzlich für Willenskraft und regt den Qi-Fluss im Körper an. Er unterstützt persönliche Entfaltung und verleiht die Kraft, ehrlich und aufrichtig zu sich selbst zu sein; sodass die eigenen Schattenseiten im Lichte der Wahrheit betrachtet werden können.

Dolomit: Persönlichkeitsentwicklung ist innerhalb des Ba-Gua-Bereiches »Wissen und Spiritualität« von zentraler Bedeutung. Hier kann der Dolomit helfen, das wahre Selbst mit allen Facetten und Möglichkeiten zu erkennen und Integrität zu erlangen. Er sorgt für eine ordentliche Portion Elan, sodass Ziele leicht und mühelos erreicht werden können.

Mahagony-Obsidian ist sehr förderlich, wenn es um Persönlichkeitsentwicklung und Bewusstwerdung geht. Er hilft, Schattenseiten ans Licht zu holen sowie die darin verborgenen Schätze zu entdecken und ins Leben zu integrieren. So entsteht neuer Freiraum und Stabilität. Dies verdeutlicht auch sein zweiter Name Bergmahagony, der das Naturbild Berg des Trigramms Gen (Symbol für Stabilität) widerspiegelt.

Versteinertes Holz sorgt für Erdung und Verbundenheit auf unserem Planeten. Es lässt uns zur richtigen Zeit am richtigen Ort sein und schärft den Realitätssinn. Zudem fördert es Kontemplation und Stille und ist somit eine ideale Meditationshilfe, da es beruhigt, zentriert und sammelt. Gerade für Meditationseinsteiger kann dies sehr unterstützend sein. Für den Ba-Gua-Bereich »Wissen und Spiritualität« ist das Versteinerte Holz optimal, da Meditation und Kontemplation hier die zentralen Themen sind.

Karneol, Granat und **Sonnenstein** wirken anregend, aktivierend und fördern eine positive und optimistische Lebenseinstellung. Aufgrund ihrer Feuerenergie eignen sie sich hervorragend für die Aktivierung und Ergänzung dieses Ba Guas. (Weitere Eigenschaften vgl. Kapitel »Ruhm und Anerkennung« – Trigramm Li, Seite 82.)

Heilsteine für den Ba-Gua-Bereich »Wissen und Spiritualität« – Trigramm Gen

. . . .

Nackenverspannungen	**Amethyst** entspannt die Nackenmuskulatur – insbesondere, wenn mit handtellergroßen Drusenstücken wie mit einer Bürste vom Hinterkopf abwärts zum Nacken gestrichen wird (ohne Berührung der Haut). Das Tragen einer Kette lindert ebenfalls die Schmerzen. **Turmalin:** Hier legt man kleine Kristallstäbchen mit der Spitze nach unten auf die Nackenregion bzw. klebt sie dort fest. Auch sehr hilfreich bei steifem Nacken. **Magnesit** und **Rauchquarz**, als Kette getragen, lösen Verspannungen im Nackenbereich.

. . . .

Muskelkater, Verkrampfungen	**Dolomit** neutralisiert den Säureüberschuss im Körper und lindert so Muskelkater. Seine Wirkung ist zudem krampflösend und entspannend. Er kann als Trommelstein, Kette oder Anhänger getragen werden.

. . . .

Arthritis	**Grüner Turmalin:** Als Kristall oder Trommelstein verwendet, ist er der beste Heilstein bei Arthritis. Er fördert den Energiefluss in den Gelenken, lässt Entzün-

Magnesit

Dolomit

dungen abklingen und verhindert degenerative Schädigungen. **Bergkristall** reinigt die Gelenke, lässt Schwellungen und Schmerzen abklingen. Am besten auf die betroffene Stelle auflegen. **Granat** fördert die Durchblutung und ist dadurch gerade bei Belastungsschmerzen sehr hilfreich. Er kann als Kette oder Anhänger getragen werden.

. . . .

Gelenkschmerzen

Pyritsonne: Um die Schmerzen zu lindern, wird die Pyritsonne direkt auf die betroffene Stelle bzw. eingehüllt in ein dünnes Baumwolltuch aufgelegt. Zu langer Hautkontakt sollte vermieden werden, da es eventuell zu Hautreizungen führen kann. **Bergkristall** hilft, die Schmerzen zu lindern, indem er auf die betroffene Stelle aufgelegt wird.

. . . .

Tennisarm, Sehnenscheidenentzündung

Kunzit lindert Gelenkschmerzen und Beschwerden, deren Ursachen auf verkürzte, verkrampfte oder entzündete Sehnen zurückzuführen sind, wie zum Beispiel beim Tennisarm oder bei Sehnenscheidenentzündung.

. . . .

Trauma

Prasem ist hervorragend bei Traumen, die durch äußere Einflüsse (Prellungen, Stauchungen) entstanden sind. Einen Trommelstein auf die betroffene Stelle auflegen. **Rhodonit** kann ebenfalls hilfreich bei Prellungen oder Zerrungen eingesetzt werden, indem er direkt auf die betroffene Stelle aufgelegt wird. **Obsidian** löst Traumen und Blockaden auf und kann als Kette, Trommelstein oder Anhänger getragen werden.

. . . .

Rückenschmerzen

Rauchquarz ist exzellent bei Rückenschmerzen. Er lockert die Muskulatur und lindert so die Schmerzen. Rauchquarz kann als Kette getragen oder auf die betroffene Stelle aufgelegt werden. **Magnesit:** Besonders hilfreich bei Verspannungen im oberen Rücken. Anwendbar in Form von Kette, Anhänger oder Trommelstein. **Rubin:** Bei Beschwerden im unteren Rückenbereich, also Kreuz- und Steißbein sowie Lendenbereich, hervorragend geeignet. Am besten auf die betroffene Stelle in Form eines Kristalls, Trommelsteines oder einer Rubinscheibe auflegen.

. . . .

Roter Jaspis

Mookait

Prostata	**Zoisit** hilft in allen Stadien der Prostatavergrößerung und kann zur Rückbildung eingesetzt werden. **Achat mit Augensignatur** hilft bei beginnender Vergrößerung, diese aufzuhalten bzw. kann sogar zur Rückbildung führen. Der Zoisit oder die Achatscheibe/Trommelstein werden oberhalb der Peniswurzel aufgelegt. Der Zoisit kann zusätzlich längere Zeit als Kette oder Anhänger getragen werden.

. . . .

Fruchtbarkeit Mann	**Zoisit mit Rubin** hilft bei Unfruchtbarkeit und kann als Kette, Anhänger oder Trommelstein getragen werden – bevorzugt in der Region des Unterleibes.

. . . .

Impotenz	**Thulit:** Bei Impotenz und auch bei Unfruchtbarkeit, wenn die Ursache hierfür nicht bekannt ist. (Anwendung siehe Fruchtbarkeit Mann.)

. . . .

Tatendrang, Dynamik	**Roter Jaspis** wirkt anregend und aktivierend und führt so aus Apathie und Gleichgültigkeit heraus. Er kann als Kette, Anhänger oder Trommelstein verwendet werden. **Mookait** trägt zwei Qualitäten in sich: Er fördert Tatkraft und Dynamik und verleiht gleichzeitig innere Ruhe und Sammlung. Durch diese außergewöhnliche Kombination erhalten wir einerseits geistige Flexibilität und andererseits seelische Ausgeglichenheit. Er sollte über längere Zeit mit Hautkontakt getragen werden, zum Beispiel als Anhänger oder Kette.

. . . .

Tatkraft	**Karneol** ist ein Mutmacher, verleiht Power und hebt die Stimmung. Am besten als Kette, Anhänger oder Trommelstein verwenden.

. . . .

Trigrammuhr: Die effektivste Zeit für die Setzung von Steinen und Mineralien zur Betonung, Aktivierung oder Ergänzung im Ba-Gua-Bereich »Wissen und Spiritualität« ist zwischen 01.30 und 04.30 Uhr.

Organuhr: Optimaler Zeitraum für den Einsatz von Heilsteinen bei folgenden Beschwerden:

Sexualität/männliche Geschlechtsorgane:	19 bis 21 Uhr

Für alle anderen Beschwerden in diesem Ba-Gua-Bereich empfehle ich, Heilsteinsetzungen während der Trigrammzeit (01.30 bis 04.30 Uhr) vorzunehmen.

Familie und Gesundheit – Trigramm Zhen

Das zentrale Thema dieses Bereiches ist die Familie. Wie gestaltet sich das Verhältnis zu Eltern, Großeltern und Geschwistern? Wie sieht die Familiensituation aus? Auch die eigenen Ahnen sowie allgemein das Verhältnis zu älteren Menschen werden hier thematisiert. Beachtung findet ebenso der Bezug zu Vorgesetzten. Des Weiteren werden diesem Ba Gua Gesundheit, Vitalität, Neubeginn, Dynamik, Ideenreichtum und Spontaneität zugeordnet – analog dem Donner mit seiner starken, impulsiven, anregenden Kraft, der symbolisch für das Trigramm Zhen steht. Die Prinzipien sind hier die »Saat« und der »Frühling«.

Weitere Zuordnungen

Himmelsrichtung:	Osten
Element:	Großes Holz
Farben:	Grün, Türkis
Lo-Shu-Zahl:	Drei
Familienmitglied:	Ältester Sohn, Männer von 31 bis 45 Jahren
Naturbild:	Donner, Baum

Hinweise für Störungen in diesem Lebensbereich können beispielsweise sein:
- cholerisches, impulsives bzw. explosives Verhalten (eine Person, die sehr dominant ist, sich stets überall einmischt und bei jeder Kleinigkeit »aus der Haut fährt«)
- distanzierte, schwierige Beziehungen zwischen Kindern und Eltern bzw. Großeltern
- übertriebenes Festhalten an Altem und Furcht vor Neuem
- mangelnde Gesundheit und Vitalität

Körperliche Zuordnung

Leber, Gallenblase, unterer Rücken, Beine und Füße (ohne Oberschenkel und Gesäß), Sehnen, sympathisches Nervensystem, Sprachorgane

Krankheitsbilder

Hexenschuss, Lebererkrankungen, Gallenerkrankungen, Prellungen, Fußverstauchung, Nervenschmerzen, Schock, Bluthochdruck, Heiserkeit, Muskelkrämpfe, starke, akute und impulsive Schmerzen

Psychische Ebene

Wutausbrüche, Choleriker, Jähzorn, Aggressivität, unterdrückte Wut und Ärger, Frust

Mineralien für die Betonung, Aktivierung oder Ergänzung des Bereiches »Familie und Gesundheit« – Trigramm Zhen

. . . .

Amazonit, Aventurin, Azurit-Malachit, Chrysokoll, Chrysopras, Chrysopal, Heliotrop, Jade, grüner Jaspis, Malachit, Nephrit, Ozean-Achat, Prasem, Prehnit, Peridot, Smaragd, Serpentin, Türkis, Variscit

. . . .

Aquamarin, blauer Chalcedon, blauer Calcit, Disthen, Dumortierit, Gagat, Schörl

. . . .

Ozean-Achatplatte

Amazonit, Aventurin, Heliotrop, Jade, Nephrit, Malachit, grüner Jaspis, Chrysokoll, Türkis, Smaragd, Serpentin, Ozean-Achat, Prasem, Prehnit, Peridot, Chrysopras, Chrysopal und **Variscit** entsprechen entweder durch ihre Struktur, ihre Farbgebung, ihr Element oder ihr Thema dem Trigramm Zhen und werden für Aktivierungen, Ergänzungen oder Betonungen eingesetzt. Da sie alle auch dem Element Holz zugeordnet werden, können sie ebenso für den Ba-Gua-Bereich des Trigramms Xun eingesetzt werden (vgl. Kapitel »Fülle und Wohlstand – Trigramm Xun«, Seite 74).

Aquamarin, blauer Chalcedon, blauer Calcit, Disthen, Dumortierit, Gagat und **Schörl** werden dem Element Wasser zugeordnet. Da die Wandlungsphase Wasser die Wandlungsphase Holz erzeugt, können wir diese Steine hier, im Ba Gua »Familie und Gesundheit«, sehr gut einsetzen. (Die nähere Erklärung zu den einzelnen Mineralien können Sie im Kapitel »Beruf und Karriere – Trigramm Kan« auf Seite 50 nachlesen. Die Beschreibung zu den Steinen **Disthen** und **Gagat** finden Sie im nächsten Kapitel »Fülle und Wohlstand – Trigramm Xun« auf Seite 77/78.)

Ein besonders kraftvolles Gestein ist der **Azurit-Malachit,** da er die Kraft der Elemente Wasser und Holz in sich trägt und somit die Fähigkeit des Sich-selbst-Er-

zeugens besitzt. Dadurch bietet er für die energetische Arbeit ein besonders starkes Potenzial.

Aventurin bringt Ruhe und Geduld und hilft, unsere wahren Bedürfnisse zu erkennen. Auch im Familienverbund gibt er uns die Kraft zur liebevollen Abgrenzung und zur Stärkung und Entwicklung unserer eigenen Individualität.

Azurit-Malachit hilft, sich für die Mitmenschen und die Umwelt zu öffnen; er holt Personen regelrecht aus ihrem Schneckenhaus heraus. Mit Hilfe des Azurit-Malachits können Gefühle besser in Worte gefasst werden; er verhindert somit emotionale Stauungen, wie zum Beispiel unterdrückte Wut oder Aggression.

Heliotrop macht ruhig, gelassen und baut Gereiztheit, Aggressivität und Ungeduld ab. Als hervorragender Schutzstein wehrt er unerwünschte »Übergriffe« und Grenzüberschreitungen ab. Körperlich schützt und stärkt er das Immunsystem.

Jade: »Das Juwel des Himmels« wird seit Jahrtausenden in China verehrt und ist fester Bestandteil der asiatischen Kultur. Ob als Glücks- oder Schutzstein, als Schmuck oder als kunstvolle Schnitzerei – sie darf auf keinen Fall zu Hause fehlen. Die Jade ist ein anregender Stein – sowohl körperlich als auch mental. Sie symbolisiert somit die impulsive Zeit des Frühlings und des Wachstums, die sich beide im Element Holz wiederfinden.

Nephrit schützt vor aggressiven Einflüssen; er hilft beim Abbau eigener Aggressionen und heftiger Gefühle, um so zu innerem Frieden und zu mehr Gelassenheit zu gelangen.

Malachit, der Stein der großen Göttinnen, steht für Ästhetik, Schönheit, Freundschaft und Gerechtigkeit. Er verleiht große Impulsivität, stärkt Risikobereitschaft sowie Abenteuerlust und lässt uns kühn auf neuen Wegen wandeln. Lang gehegte Wünsche und Ideen treten durch ihn ins Bewusstsein und werden klar. Emotional wirkt er entspannend und schafft dadurch eine Plattform, sich mit seinen unterdrückten Gefühlen und Schattenseiten auseinander zu setzen.

Grüner Jaspis: Das Trigramm Zhen steht für neue Ideen und Impulse. Jaspis verleiht uns die Power, diese Ideen umzusetzen, selbst wenn dies gelegentlich mit unangenehmen Aufgaben verbunden ist. Auf seelischer Ebene verleiht er die Kraft, sich selbst zu schützen und zu mehr Harmonie und Ausgeglichenheit zu finden.

Chrysokoll sorgt dafür, auch in hitzigen Zeiten einen kühlen Kopf zu bewahren, sodass die Handlungen stets bewusst bleiben. Menschen, die zu nervösem und

Chrysokoll

leicht reizbarem Verhalten neigen, verhilft er zu mehr Ausgeglichenheit und Gelassenheit, ohne jedoch ihren Tatendrang zu bremsen.

Der **Ozean-Achat** wurde erst vor etwa 1½ Jahren entdeckt. Stets werden Aufbruch, Dynamik, Neubeginn und Erneuerung mit ihm in Verbindung gebracht. Im gesundheitlichen Bereich glänzt er durch seine enorm immunstärkenden Eigenschaften, und in der Krebstherapie wurde er bereits sehr erfolgreich als unterstützende Maßnahme im Bereich Rekonvaleszenz eingesetzt.

Peridot hilft, alte, angestaute Gefühle wie Ärger und Wut aufzulösen, sich von Fremdbestimmung zu lösen (zum Beispiel durch dominante Eltern) und den eigenen Weg zu verfolgen. Er vermag Schuldgefühle und Selbstvorwürfe zu überwinden und führt so zu einer »Reinigung des Herzens« (Hildegard von Bingen).

Prasem führt zu Selbstbestimmung und Selbstbeherrschung. Gerade für Personen, die zu aggressivem und cholerischem Verhalten neigen, erweist er sich als idealer Stein, um Konflikte ruhig und gelassen auszutragen. Unversöhnlichen Charakteren gibt er die Kraft zu verzeihen.

Prehnit ist ein ausgezeichneter Begleiter einer jeden Frühjahrskur, da er den Fettstoffwechsel und somit den Fettabbau anregt. Er hilft, uns so zu akzeptieren, wie

Variscit

wir sind, und auch unangenehmen Tatsachen ins Auge zu blicken. Des Weiteren stärkt er die Konfliktbereitschaft und zeigt, wie man Vermeidungs- und Verdrängungsmechanismen auflöst.

Smaragd öffnet uns für das familiäre Umfeld und fördert gegenseitiges Verständnis und Freundschaft. Auf emotionaler Ebene trägt er dazu bei, Schicksalsschläge leichter zu überwinden. Er bringt Ausgeglichenheit und Harmonie ins Leben.

Serpentin ist besonders empfehlenswert für Menschen, die leicht aus der Haut fahren sowie zu aggressivem Verhalten und Streitlust tendieren. Serpentin bringt Ruhe, Ausgeglichenheit und inneren Frieden. Er zeigt, wie man sich auf Mitmenschen einstimmt, deren Wünsche und Bedürfnisse ebenfalls wahrnimmt und mit den eigenen Vorstellungen in Einklang bringt.

Variscit wirkt sehr anregend. Er erweist sich als idealer Gefährte, um zum Beispiel Frühjahrsmüdigkeit zu vertreiben. Auf psychologischer Ebene wirkt er aufmunternd und stimmungsaufhellend, und im mentalen Bereich fördert er klares Denken sowie Wachheit und Nüchternheit. Prinzipiell erhöht Variscit die Vitalität und mobilisiert Energiereserven.

Heilsteine für den Ba-Gua-Bereich »Familie und Gesundheit« – Trigramm Zhen

. . . .

Prellungen, Stauchungen	**Obsidian** löst Schmerz und Schock auf der Zellebene und sollte als Stein Nummer eins bei Verstauchungen eingesetzt werden. **Rhodonit** kann im Anschluss daran zur fortführenden Behandlung eingesetzt werden. Er hilft auch sehr gut beim Abbau von Blutergüssen und wirkt schmerzlindernd. Beide Steine werden auf die entsprechende Stelle aufgelegt. **Prasem** wird dann eingesetzt, wenn keine sofortige Behandlung möglich war. Er lindert Schmerz, bringt die Schwellung zum Abklingen und regeneriert das Gewebe. Er wird auf die betroffene Stelle aufgelegt.
Muskelkrämpfe	**Dolomit** wirkt entspannend und krampflösend. Auch der **Malachit** kann eingesetzt werden, da er ebenso krampflösende Eigenschaften besitzt. **Magnesit:** Bei Muskelkrämpfen, die zum Beispiel durch Magnesiummangel hervorgerufen werden, ist er der bevorzugte Heilstein. Er wirkt krampflösend und entspannt dadurch die Muskulatur. Alle Steine sollten entweder auf die betroffenen Stellen aufgelegt oder zumindest mit Hautkontakt getragen werden.
Hexenschuss	**Pyritsonne:** Sie wird direkt auf die betroffene Stelle aufgelegt und wirkt schmerzlindernd. Allerdings sollten Pyritsonnen vorab in ein dünnes Baumwolltuch eingeschlagen werden, um Hautreizungen vorzubeugen.

Epidot (oben), Malachit (unten links), Prasem (unten rechts)

Blauer gebänderter Chalcedon

Leber und Galle **Peridot** regt Leber und Galle an, fördert den Entgiftungsprozess und stimuliert den Stoffwechsel. **Chrysopras** stärkt und regt alle Leberfunktionen an und ist der wichtigste Heilstein bei Lebererkrankungen. **Malachit** regt die Funktion der Leber an und wirkt entgiftend. **Smaragd** regeneriert und fördert den Heilungsprozess bei Lebererkrankungen. Des Weiteren wirkt er entzündungshemmend und reinigend. **Epidot** fördert die Gallenproduktion, regt die Lebertätigkeit an und unterstützt alle Heilungsprozesse sowie die Stärkung des Immunsystems. **Bernstein** hilft sowohl bei Gallen- als auch bei Lebererkrankungen. **Magnesit** wirkt krampflösend und kann somit bei Gallenkoliken eingesetzt werden. Alle Steine können direkt am Körper getragen bzw. auf die betroffene Stelle aufgelegt werden.

. . . .

Stimmbänder, Kehlkopf und Heiserkeit **Lapislazuli:** Besonders hilfreich, wenn Stimmverlust von unterdrückten Emotionen herrührt, sowie bei Überbeanspruchung der Stimmorgane und bei Schluckbeschwerden. **Aquamarin:** Stimmverlust durch Überbelastung, allergische Reaktion oder große Aufregung. **Chalcedon** wirkt bei Heiserkeit und Stimmverlust, hervorgerufen durch Atemweginfekte oder bei Überbelastung. Die Steine können als Anhänger oder Kette direkt am Hals getragen werden.

. . . .

Nervenschmerzen **Kunzit** und **Sugilith:** Diese Steine können bei Beschwerden aller Art eingesetzt werden. **Lavendeljade** dagegen ist bei Entzündungen und Neuralgien zu bevorzugen. Alle Steine können auf die betroffenen Stellen aufgelegt werden. Auch Anhänger, Ketten oder Trommelsteine sind möglich.

. . . .

Bluthochdruck   **Chrysokoll** kühlt und senkt den Blutdruck. **Blauer Chalcedon** wirkt langfristig blutdrucksenkend und stabilisierend. **Amethyst** kann sehr schnell den Blutdruck senken, wenn man mit handtellergroßen Drusenstücken von der Stirn aus beginnend über Scheitel, Nacken, Rücken bis hinab zu den Füßen streicht – ähnlich wie mit einer Bürste, den Körper bitte nicht berühren. Eine Kette, Trommelsteine oder ein Anhänger sind ebenso wirksam. **Sodalith:** Hier tritt die blutdrucksenkende Wirkung rasch ein, und er eignet sich für eine Langzeittherapie. **Lapislazuli** erzielt rasch seine Wirkung. Man sollte nur Lapislazuli verwenden, der keine Pyriteinschlüsse hat; er ist nur zur kurzfristigen Therapie geeignet. Alle Steine können als Kette oder Anhänger getragen werden – bevorzugt im Brustbereich. Im Akutfall können sie auch als Trommelsteine in der Hand gehalten werden.

. . . .

Schock   **Obsidian** ist der »Erste-Hilfe-Stein« und sorgt dafür, dass Schock, Angst und Blockaden aufgelöst werden. Besonders wirksam sind hier der **Regenbogenobsidian** sowie der **schwarze Obsidian.** Der betreffenden Person werden Trommelsteine in die Hände gelegt. Auch **Rhodonit** hilft der unter Schock stehenden Person wieder in die Gegenwart zurück.

. . . .

Wut, Zorn, Aggressivität, Frust (auch unterdrückte Emotionen dieser Art)   **Peridot** löst angestaute Wut, Ärger und hilft bei Selbstvorwürfen und Schuldgefühlen. **Nephrit** baut Spannungen ab, bringt Ausgeglichenheit und inneren Frieden. **Chrysokoll** ermöglicht selbst bei extremen Emotionen klares und überlegtes Handeln. **Heliotrop** wirkt beruhigend und entspannend bei aggressivem, nervösem und gereiztem Verhalten. **Prasem** ist ein kühlender Stein. Er sorgt somit auch für die Kühlung von erhitzten Gemütern und erlaubt, Konflikte ruhig und gelassen auszudiskutieren. Alle Steine können als Kette, Anhänger oder Trommelstein genutzt werden.

. . . .

Trigrammuhr: Die effektivste Zeit für die Setzung von Steinen und Mineralien zur Betonung, Aktivierung oder Ergänzung im Ba-Gua-Bereich »Familie und Gesundheit« ist zwischen 04.30 und 07.30 Uhr.

Organuhr: Optimaler Zeitraum für den Einsatz von Heilsteinen bei folgenden Beschwerden:

Galle:	23 bis 01 Uhr
Leber:	01 bis 03 Uhr
Nerven:	21 bis 23 Uhr
Blutdruck:	19 Uhr bis 21 Uhr

Für alle anderen Beschwerden in diesem Ba-Gua-Bereich empfehle ich, Heilsteinsetzungen während der Trigrammzeit (04.30 bis 07.30 Uhr) vorzunehmen.

Fülle und Wohlstand – Trigramm Xun

Dieser Ba-Gua-Bereich symbolisiert wohl einen der beliebtesten Bereiche, da er für Wachstum, Fülle, Wohlstand, Glück, Finanzen, Umsatz, Segnungen auf materieller wie immaterieller Seite steht sowie für ein glückliches Schicksal. Wirklich wichtig ist meiner Meinung nach jedoch auch der seelische und spirituelle Reichtum, der bei den meisten Beschreibungen dieses Sektors abhanden kommt. Fülle im Herzen und Geist können ebenso reich machen, vielleicht sogar reicher, als Millionen auf dem Bankkonto. Zudem repräsentiert dieser Sektor vorteilhafte Chancen, Möglichkeiten und glückliche »Zu-Fälle«.

Weitere Zuordnungen

Himmelsrichtung: Südosten
Element: Kleines Holz
Farben: Grün, Türkis mit hohem Grünanteil
Lo-Shu-Zahl: Vier
Familienmitglied: Älteste Tochter, Frauen von 31 bis 45 Jahren
Naturbild: Wind, Gräser, Bambus

Ein Fehlen der Südostenergie kann sich zum Beispiel in mangelndem Wohlstand oder verpassten Chancen ausdrücken. Schwierigkeiten in geschäftlichen Angelegenheiten, mit Verträgen oder der Steuer deuten ebenso auf eine Schwäche in diesem Ba-Gua hin. Auch das Gefühl, vom »Pech« verfolgt zu sein, oder große Unentschlossenheit, Wankelmütigkeit und Labilität sollten uns für eine nähere Analyse dieses Bereiches sensibilisieren.

Körperliche Zuordnung

Knie, Oberschenkel, Gesäß, Atemwege, Geruchssinn, Nasennebenhöhlen und Stirnhöhlen, Peristaltik und Gedärme.

Krankheitsbilder

Sinusitis, Erkältung, Asthma, Darmerkrankungen, die durch eine gestörte Peristaltik entstehen, wie Durchfall und Bauchkrämpfe, Ischias, Hyperaktivität

Psychische Ebene

Pessimismus, Opferhaltung, Pechvogel-Syndrom

Mineralien für die Betonung, Aktivierung oder Ergänzung des Bereiches »Fülle und Wohlstand« – Trigramm Xun

. . . .

Apophyllit, Amazonit, Aventurin, Azurit-Malachit, Chrysokoll, Chrysopras, Chrysopal, Dioptas, Heliotrop, Jade, grüner Jaspis, Malachit, Nephrit, Ozean-Achat, Prasem, Prehnit, Peridot, Smaragd, Serpentin, Türkis, Variscit

. . . .

Chrysopras (oben), Apophyllit (unten links), Disthen (unten rechts)

Aquamarin, blauer Chalcedon, blauer Calcit, Disthen, Dumortierit, Gagat, Schörl, Chalkopyrit, Gold, Silber, Diamant

. . . .

Amazonit, Aventurin, Heliotrop, Jade, Nephrit, Ozean-Achat, Malachit, grüner Jaspis, Chrysokoll, Türkis, Smaragd, Serpentin, Prasem, Prehnit, Peridot, Chrysopras, Chrysopal und **Variscit** werden durch ihre grüne oder türkise Farbgebung dem Element Holz zugeordnet. Sie sind somit für die beiden Ba-Gua-Bereiche »Familie und Gesundheit« und »Fülle und Wohlstand« zur Betonung, Aktivierung oder Ergänzung einsetzbar.

Besonders empfehlenswert für den Bereich »Fülle und Wohlstand« – Trigramm Xun sind jedoch die Steine **Apophyllit, Amazonit, Chrysopal, Chrysopras, Dioptas, Gagat** und **Türkis,** da sie aufgrund ihrer Thematik, ihrer Struktur oder ihrem zugehörigen Element besonders treffend diesen Ba-Gua-Bereich repräsentieren.

Apophyllit, Aquamarin, blauer Chalcedon, blauer Calcit, Dumortierit, Disthen, Gagat und **Schörl** entsprechen dem Element Wasser. Da das Element Holz von der Wandlungsphase Wasser erzeugt wird, sind auch diese Mineralien für eine Betonung, Aktivierung oder Ergänzung möglich.

Azurit-Malachit enthält die Kraft beider Elemente und ist daher besonders kraftvoll und wirksam.

Ebenso einsetzbar sind **Chalkopyrit, Gold, Silber** und der **Diamant.** Da sie Fülle, Reichtum und Wohlstand symbolisieren, eignen sie sich hervorragend für die Betonung und Aktivierung – obwohl sie bezüglich der Elementezuordnung nicht diesem Bereich entsprechen.

Wenn Sie Lust haben, können Sie sich (im Südosten) eine Reichtumsecke gestalten: Füllen Sie eine hochwertige silberne oder goldene Schale mit edlen, wertvollen Gegenständen wie Schmuck, Edelsteinen, Münzen und Banknoten. Natürlich dürfen Sie dort auch Ihre Goldbarren und Diamanten aufbewahren – allerdings sollten Sie dann Ihre künftigen Besucher gut im Auge behalten.

Zum Thema *Geld/Geldsorgen* hat der Steinheilkundeexperte Michael Gienger einige gute Ratschläge: Er empfiehlt zur *Vermehrung* des Einkommens regelmäßiges meditatives Betrachten vorhandener Diamanten – aber nur, wenn sie bereits bezahlt sind! Ansonsten rät er zu **Dumortierit,** dem »Take-it-easy«-Stein, sowie zum **Edelopal,** um zumindest die gute Laune und Lebensfreude nicht zu verlieren. Ich empfehle noch zusätzlich den **grünen Opal,** denn er sorgt für einen ruhigen Schlaf, den man bei Geldnöten immer benötigen kann.

Apophyllit verleiht uns die Kraft, unsere Maske abzulegen und uns so zu zeigen, wie wir sind. Ein Stein, der befreit – auch von Ängsten, Sorgen und schlechtem Gewissen. Dadurch wird es möglich, wieder offen und frei durchs Leben zu gehen und die Chancen, die sich bieten, zu nutzen.

Amazonit macht uns bewusst, dass wir nicht Opfer höherer Mächte, sondern selbst für unser Glück verantwortlich sind. Er lässt uns das Leben wieder in die eigene Hand nehmen und schenkt uns Zuversicht und Vertrauen. Als bleihaltiges Mineral hilft er gerade dann, wenn Druck, Enge und Mangel uns begrenzen und einschränken.

Apophyllit

Chrysopal

Chrysopras hilft, negative innere Bilderwelten zu verlassen und sich auf positive und schöne Erlebnisse und Gedanken einzustimmen. Er vermittelt das Gefühl, Teil des großen Ganzen zu sein; zudem macht er empfänglich für die Welt der geistigen Helfer und Schutzengel und ihre Segnungen. Chrysopras fördert Selbstvertrauen und schenkt Geborgenheit und Zufriedenheit.

Chrysopal lässt Schwermut und düstere Stimmung überwinden und vermittelt ein neues positives Lebensgefühl. Er verleiht Zuversicht, Mut und Lebensfreude und lenkt das Augenmerk auf die schönen Seiten dieser Welt. Zusätzlich weckt er Neugier und Begeisterungsfähigkeit.

Dioptas wurde seit jeher als Stein der Fülle und des Reichtums gepriesen, wobei er besonders auf den eigenen inneren Reichtum aufmerksam macht. Er hilft bei der Verwirklichung der Lebensträume und ermutigt, Fähigkeiten nicht länger zu verstecken oder zurückzuhalten; über kurz oder lang sorgt er dadurch auch für Fülle auf materieller Ebene.

Disthen fördert selbstbestimmtes, sicheres und klares Denken und Handeln. Dadurch können Chancen ergriffen werden. Er zeigt, dass wir allein das Geschick unseres Lebens lenken und für positive und unangenehme Erfahrungen selbst ver-

antwortlich sind. Da er selbst unter extremem Druck und hoher Temperatur entsteht, ist er auch in Extremsituationen äußerst hilfreich.

Gagat ist der Stein, der Pessimisten in Optimisten verwandelt – wenn sie dies
wirklich wollen. Er schenkt Vertrauen und Zuversicht und lehrt, dass es manchmal besser ist, sich zu beugen und einen Schritt zurückzutreten, statt mit dem Kopf
durch die Wand zu gehen.

Türkis befreit aus der Opferhaltung und führt zu eigenverantwortlichem Leben.
Er lässt erkennen, dass wir selbst unsere Welt der Erfahrungen kreieren und dass
wir das ernten werden, was wir säen. Er wirkt ausgleichend bei starken emotionalen Schwankungen, vertreibt Müdigkeit, fördert Tatendrang sowie Handlungs-
fähigkeit und schärft Intuition und Weitsicht.

Heilsteine für den Ba-Gua-Bereich »Fülle und Wohlstand« – Trigramm Xun

. . . .

Asthma	**Apophyllit:** Bei akuten Anfällen ist er der beste Stein. Er entkrampft und wirkt schleimlösend. Um Asthmaanfälle zu reduzieren, sollte er vorbeugend getragen werden. **Rutilquarz:** Bevorzugt in der Langzeittherapie und bei asthmatischer Bronchitis. Bei akuten Anfällen die Steine direkt auf die Brust drücken. Ansonsten können sie als Anhänger, Kette oder Trommelstein verwendet werden.

. . . .

Sinusitis/Nasenneben-höhlenentzündung	**Smaragd** ist hier der beste Heilstein und sorgt für schnelles Abklingen der Entzündung sowie für freies Atmen, indem er den Sekretabfluss beschleunigt. Im Zusammenhang mit Grippe können Sie auch besonders im Anfangsstadium der Entzündung **Heliotrop** einsetzen sowie **Moosachat** und **Chalcedon**, um den Prozess zu lindern. Entweder als Trommelstein auflegen oder als Anhänger bzw. Kette tragen.

. . . .

Knie	**Apatit:** Bei Arthrose im Kniegelenk zur Regeneration. Auch zur Heilung von Meniskusrissen gut geeignet sowie bei Arthritis. Trommelstein auf die betroffene Stelle auflegen. **Pyritsonne:** Um Gelenkschmerzen zu lindern, wird die Pyritsonne direkt auf die betroffene Stelle aufgelegt (vor Gebrauch in ein dünnes Baumwolltuch einwickeln, um Hautreizungen zu vermeiden). **Biotit-Linsen** lösen Ablagerungen auf und regenerieren den Knorpel – bei Gicht, Arthrose, Verstauchung und rheumatischen Beschwerden. Legen Sie zur Behandlung die Linse direkt auf das Kniegelenk.

. . . .

Ischias	**Kunzit** lindert Ischiasschmerzen. Er sollte auf die entsprechende Stelle aufgelegt werden. **Lepidolith** ist ebenfalls ein geeigneter Stein bei Nervenschmerzen und Ischias. Er wird direkt auf die betroffene Stelle aufgelegt.

. . . .

Bild rechts: Moosachat

Heliotrop

Durchfall	**Gagat** hilft bei allen Fällen von Durchfall. Er wird direkt auf den Bauch aufgelegt sowie in den Mund genommen. **Dumortierit:** Bei nervösen Durchfällen, die durch Angst oder Sorgen entstehen sowie bei Nahrungsmittelunverträglichkeit. **Amethyst** ist ebenfalls angezeigt bei Durchfall, der mit seelischen Ursachen einhergeht sowie bei leicht chronischen Beschwerden. Entweder als Trommelstein auflegen oder als Anhänger bzw. Kette tragen. **Smaragd** lindert Darmentzündungen und Infektionen. Er sollte als Trommelstein oder Kristall direkt auf den Bauch aufgelegt werden. **Achat** ist sehr empfehlenswert bei Funktionsstörungen, Infektionen und Entzündungen bezogen auf den gesamten Verdauungstrakt. Als Trommelstein direkt auf den Bauch auflegen.

· ·

Pessimismus, Opferhaltung	**Gagat, Amazonit, Disthen** und **Türkis** sind hier empfehlenswert, gerade wenn man sich gerne als hilfloses Opfer sieht. Sie können als Kette, Trommelstein oder Anhänger getragen werden.

· ·

Trigrammuhr: Die effektivste Zeit für die Setzung von Steinen und Mineralien zur Betonung, Aktivierung oder Ergänzung im Ba-Gua-Bereich »Fülle und Wohlstand« ist zwischen 07.30 und 10.30 Uhr.

Smaragd (in der Mitte), Türkis

Organuhr: Optimaler Zeitraum für den Einsatz von Heilsteinen bei folgenden Beschwerden:

Dünndarm:	13 bis 15 Uhr
Dickdarm:	05 bis 07 Uhr
Nerven:	21 bis 23 Uhr
Lunge:	03 bis 05 Uhr
Immunsystem:	13 bis 15 Uhr

Für alle anderen Beschwerden in diesem Ba-Gua-Bereich empfehle ich, Heilsteinsetzungen während der Trigrammzeit (07 bis 10.30 Uhr) vorzunehmen.

Ruhm und Anerkennung – Trigramm Li

Dieser Ba-Gua-Bereich steht mit dem Element Feuer in Verbindung. Feuer wiederum repräsentiert Licht, Klarheit, Intellekt, Geist, Erleuchtung und Intuition. Das Licht des Feuers bringt Talente und Fähigkeiten zum Vorschein. Der Mensch steht im Rampenlicht und erntet Ruhm und Anerkennung für seine Taten. Des Weiteren verleiht das Feuer Selbstvertrauen, Selbstbewusstsein und Charisma. Im beruflichen Kontext werden hier Marktführerschaft, Öffentlichkeitsarbeit und Public Relations zugeordnet.

Weitere Zuordnungen

Himmelsrichtung: Süden
Element: Feuer
Farben: Rot, leuchtendes Gelb und Orange
Lo-Shu-Zahl: Neun
Familienmitglied: Mittlere Tochter, Frauen von 16 bis 30 Jahren
Naturbild: Feuer, Sonne, Hitze

Wenn die Südenergie fehlt oder nur mäßig vorhanden ist, kann sich dies beispielsweise so äußern, dass trotz ganzer Arbeit immer die anderen die Lorbeeren ernten. Menschen mit einem schwachen Selbstwertgefühl, die sich nichts zutrauen und ständig ihr Licht unter den Scheffel stellen, haben möglicherweise in diesem Ba Gua eine Disharmonie.

Körperliche Zuordnung
Herz, Kreislauf, Augen, Zunge

Krankheitsbilder
Augenerkrankungen wie Brennen, Tränen oder Sehschwäche, Herzerkrankungen, Kreislaufprobleme, Entzündungen, hohes Fieber und Hitzezustände

Psychische Ebene:
Egomanie, Minderwertigkeitskomplexe, Größenwahn

Mineralien für die Betonung, Ergänzung und Aktivierung des Ba-Gua-Bereiches »Ruhm und Anerkennung« – Trigramm Li
. . . .

Bernstein, Calcit (rosa), Chalcedon (rot und rosa), Erdbeerquarz, Feueropal, Granat, roter Jaspis, Karneol, Mookait, Rubin, Rosenquarz, Rhodochrosit, Rhodonit, Sonnenstein

. . . .

Chrysokoll, Chrysopras, Chrysopal, Heliotrop, Jade, grüner Jaspis, Malachit, Nephrit, Prasem, Prehnit, Peridot, Smaragd, Serpentin

. . . .

Bernstein, Calcit (rosa), Chalcedon (rot und rosa), Erdbeerquarz, Feuer-opal, Granat, roter Jaspis, Karneol, Mookait, Rubin, Rosenquarz, Rhodo-chrosit, **Rhodonit** und **Sonnenstein** entsprechen entweder durch ihre Elemente-zugehörigkeit, ihre Struktur und Farbgebung oder durch ihre Thematik diesem Ba-Gua-Bereich und werden daher für die Betonung, Ergänzung oder Aktivierung eingesetzt.

Chrysokoll, Chrysopras, Chrysopal, Heliotrop, Jade, grüner Jaspis, Mala-chit, Nephrit, Prasem, Prehnit, Peridot, Smaragd, Serpentin und **Variscit** entsprechen dem Element Holz. Da die Wandlungsphase Holz die Wandlungs-phase Feuer erzeugt, sind auch diese Steine und Mineralien für eine Betonung oder Aktivierung möglich.

Bernstein erinnert an goldenes Licht; er lässt auch das persönliche innere Licht heller erstrahlen und verhilft zu einem sonnigen Gemüt und einer leichten, fröh-lichen Lebenseinstellung.

Calcit stärkt das Gedächtnis, verleiht Selbstvertrauen und Standhaftigkeit und intensiviert geistige Prozesse und Entwicklungen. Dies gilt besonders für Kinder. Sein Kernthema ist Wachstum auf allen Ebenen.

Rhodochrosit

Chalcedon (rosa) fördert Herzlichkeit, Lebendigkeit, Verständnis und Selbstvertrauen. Er ermöglicht eine Kommunikation von Herz zu Herz.

Chalcedon (rot) schenkt geistige Flexibilität, Kraft, Ausdauer und Beharrlichkeit. Auch auf strategischer Ebene ist er ein sehr hilfreicher Freund, da er uns in jeder Situation bewusst macht, wann es besser ist nachzugeben, vorwärts zu gehen oder einfach abzuwarten. Roter Chalcedon kann auch bei der Gewichtsreduzierung unterstützend eingesetzt werden, da er das Hungergefühl dämmt. Allerdings sollte er dafür maximal zwei Wochen ohne Unterbrechung genutzt werden, da er sonst Übelkeit auslöst.

Erdbeerquarz verhilft zu erkennen, wie wir durch unsere Gedanken und Emotionen unsere persönliche Welt mit den darin auftauchenden Herausforderungen gestalten. Dadurch wird es möglich, neue positive Entscheidungen zu treffen und Wege zu gehen, die entsprechend positive Resultate bescheren.

Feueropal weckt das innere Feuer der Begeisterung und Leidenschaft. Er macht fröhlich, vergnügt und agil und lässt uns beschwingt durchs Leben gleiten. Personen, die Schwierigkeiten haben, Ideen, Wünsche und Pläne in die Tat umzusetzen, verleiht er die Kraft, diese Realität werden zu lassen.

Granat öffnet für neue geistige Welten, Denkmuster, Vorstellungen und Horizonte. Er verleiht der Person, die ihn trägt, Kraft, Mut, Ausdauer, und unterstützt bei scheinbar unüberwindbaren Situationen. In schwierigen Zeiten erweist er sich als ein wertvoller Helfer und verstärkt das innere Licht.

Mookait ist ein außergewöhnlicher Stein, denn er vereint scheinbar widersprüchliche Gegensätze in sich. So verleiht er einerseits Tatkraft, Dynamik und Energie, andererseits vermittelt er innere Ruhe, Ausgeglichenheit und Sammlung. Diese Potenziale ermöglichen geistige Flexibilität sowie seelische Balance. Er inspiriert zu neuen Erfahrungen und gibt die Kraft, diese mental gut zu verarbeiten. Dies führt dazu, dass Ideen und Projekte mit viel Spaß und Freude verwirklicht werden. Neigt man dazu, sich zu sehr in seine Arbeit zu verbeißen und Freude und Leichtigkeit zu vergessen, ist Mookait eine wertvolle Unterstützung.

Roter Jaspis weckt den inneren Krieger, die innere Kriegerin. Er sorgt für die Energie, Ziele bis zu ihrer Realisierung zu verfolgen – und sich von nichts und niemandem davon abbringen zu lassen. Er verleiht Willensstärke, Dynamik sowie Aufrichtigkeit und Ehrlichkeit – auch sich selbst gegenüber.

Rubin: Sein Feuer versprüht Lebensfreude, Leidenschaft, Vitalität, Temperament und Kraft. Er lässt uns auf der Bühne des Lebens erstrahlen und verleiht den Mut, Wünsche und Träume zu leben.

Karneol, Roter Jaspis, Sonnenstein- und Feueropalkette (von oben nach unten)

Rosenquarz fördert Selbstliebe und macht bewusst, was wir brauchen und was gut für uns ist. Durch diesen liebevollen Umgang mit uns selbst entwickeln wir die Fähigkeit, auch anderen Menschen bedingungslose, von Herzen kommende Liebe zu schenken. Egoistisches, selbstbezogenes Handeln wird schließlich unmöglich.

Rhodochrosit steigert Lebensfreude, Leidenschaft, Lebendigkeit und Erotik. Leicht und beschwingt sowie voller Aktivität und Enthusiasmus können wir das Leben angehen und jede Aufgabe spielerisch bewältigen. Er bringt uns zum Strahlen und verleiht Charisma.

Rhodonit hilft, ein verletztes Herz wieder heil zu machen, indem er zu verstehen und zu verzeihen lehrt. In Extremsituationen begünstigt er geistige Klarheit und beugt panischem, verwirrtem Handeln vor.

Sonnenstein bringt Licht in unser Leben. Er fördert eine positive Lebenseinstellung, stärkt den Glauben an das Gute und an das Glück. Er lässt die Persönlichkeit erstrahlen und verleiht Selbstvertrauen und Selbstwertgefühl. Optimistisch und voller Tatendrang können wir uns den Herausforderungen des Lebens stellen und die Anerkennung für Leistungen, die uns zusteht, ernten.

Heilsteine für den Ba-Gua-Bereich »Ruhm und Anerkennung« – Trigramm Li

· ·

Herz   **Rosa Chalcedon** wird sehr erfolgreich bei Herzrasen verwendet. Außerdem lindert er Entzündungen und hat zusätzlich eine stärkende Wirkung. **Rosenquarz** hilft bei Herzrhythmusstörungen, und der **Wassermelonen-Turmalin** kann bei allen Herzbeschwerden eingesetzt werden. **Rutilquarz** ist angezeigt, wenn Beklemmungs- und Engegefühle sowie Angst die Ursachen für Beschwerden sind. **Aventurin** kann vorbeugend zur Senkung des Infarktrisikos eingesetzt werden, da er Ablagerungen in den Herzkranzgefäßen vorbeugt. **Heliotrop** wirkt herzstärkend. Er fördert die Durchblutung des Herzmuskels, gleicht Rhythmusstörungen aus und steigert die Belastbarkeit des Herzens. Außerdem mildert er Beklemmungsgefühle. Alle Steine können auf die Brust aufgelegt oder als Anhänger, Kette oder gebohrter Trommelstein in Herznähe getragen werden.

· ·

Kreislaufbeschwerden   **Rubin** bringt den Kreislauf in Schwung, hilft bei Müdigkeit, Schwindel und Blässe. **Granat Pyrop** ist der beste Stein zur Stabilisierung des Kreislaufs und kann einen Kollaps verhindern, wenn er rechtzeitig eingesetzt wird. **Hämatit** hilft bei Schwindel, Schwäche und Ohnmachtsneigung. **Tigereisen** ist ebenfalls bei Schwindel, Schwäche und kurzen Ohnmachtsanfällen angezeigt. Sie können diese Steine als Kette, Anhänger oder gebohrten Trommelstein am Körper tragen, und zwar so um die Hüfte getragen, dass der Stein knapp über dem Schambein zu liegen kommt. Sie können auch regelmäßig über dem Schambein aufgelegt werden.

· ·

Rosa Chalcedon, pink Opal, rosa Achat (von links nach rechts)

Entzündungen **Heliotrop** ist bei allen entzündlichen Prozessen der bevorzugte Heilstein. **Achat mit Entzündungssignatur** hilft, die Entzündung schnell abklingen zu lassen. Besonders bewährt haben sich Achate, die das betroffene Organ bzw. das Gewebe in ihrer Signatur zeigen. **Dunkler Bernstein** lindert Infektionen und Entzündungen und unterstützt damit eine schnelle Wundheilung. Alle Steine werden entweder direkt oder so nahe wie möglich am Entzündungsherd platziert oder als Kette oder Anhänger getragen.

· ·

Augen **Smaragd** lindert Augenermüdung und Sehschwäche. **Achate mit Augensignatur** können sowohl bei Ermüdung als auch bei trockenen und brennenden Augen empfohlen werden. Bei Glaukom und Bindehautentzündungen kann er ebenso eingesetzt werden. **Aquamarin** kann bei Ermüdungserscheinungen helfen, die zum Beispiel durch Sehschwäche bzw. -verschlimmerung sowie aufgrund von Überarbeitung entstanden sind. **Amethyst** wird eingesetzt bei tränenden, druckempfindlichen Augen. Alle Steine können als Trommelsteine oder Kristalle (Smaragd und Aquamarin) auf die geschlossenen Augen aufgelegt werden.

· ·

Fieber Zur Senkung von hohem Fieber kann **Bergkristall** verwendet werden, der das Fieber regelrecht aus dem Körper zieht; streichen Sie hierfür mit einer breiten Berg-

kristallspitze oder einem großflächigen Trommelstein von oben nach unten über den Körper. Auch der **blaue Saphir** wirkt fiebersenkend und kann entsprechend dafür eingesetzt werden. Wenn das Fieber seinen Höhepunkt überschritten hat, wird **Chalcedon** bei schnellem Rückgang empfohlen und **Moosachat** bei langsamem Rückgang. **Chrysokoll** kann generell eingesetzt werden und ist gerade in Notfällen bzw. bei extrem hohen Temperaturen besonders empfehlenswert. Die Steine können in der Hand gehalten, in der Nähe der Thymusdrüse aufgelegt oder als Kette bzw. Anhänger getragen werden.

· ·

Mangelndes Selbstbewusstsein **Dioptas** stärkt Selbstbewusstsein und hilft, das eigene Licht nicht mehr länger unter den Scheffel zu stellen. **Topas Imperial** stärkt Selbstbewusstsein sowie Selbstsicherheit, und **Granat** fördert Selbstvertrauen, indem er Mut, Zuversicht und Hoffnung schenkt sowie Willensstärke und Lebensfreude. Auch **Calcit** kann zur Förderung von Selbstvertrauen und Stabilität verwendet werden. Diese Steine können Sie als Anhänger, Ketten oder Trommelsteine nutzen.

· ·

Egoismus **Chrysopras** zeigt, ob unser Handeln von egoistischen Motiven geprägt ist. **Onyx** wiederum fördert einen gesunden Egoismus und stärkt zeitgleich Selbstbewusstsein. Alle Steine können als Kette oder Anhänger getragen bzw. als Trommelstein verwendet werden.

· ·

Trigrammuhr: Die effektivste Zeit für die Setzung von Steinen und Mineralien zur Betonung, Aktivierung oder Ergänzung im Ba-Gua-Bereich »Ruhm und Anerkennung« ist zwischen 10.30 und 13.30 Uhr.

Organuhr: Optimaler Zeitraum für den Einsatz von Heilsteinen bei folgenden Beschwerden:

Herz:	11 bis 13 Uhr
Kreislauf:	19 bis 21 Uhr
Entzündungen:	13 bis 15 Uhr

Für alle anderen Beschwerden in diesem Ba-Gua-Bereich empfehle ich, Heilsteinsetzungen während der Trigrammzeit (10.30 bis 13.30 Uhr) vorzunehmen.

Bild links: rosa Achat

Beziehung und Partnerschaft – Trigramm Kun

In diesem Ba Gua werden wir mit den Themen »Begegnung und Beziehung« konfrontiert. Es geht um den zwischenmenschlichen Austausch, um Nähe und Bezug zu anderen Menschen. Ob es sich dabei um den Lebenspartner, um liebe Freunde, um Kollegen oder Kunden handelt, spielt keine Rolle. Alle Beziehungsformen wie Ehe und Partnerschaft, aber auch berufliche Verbindungen werden diesem Gua zugedacht. Yin-Qualitäten wie: sich öffnen, sich hingeben, (er)nährend und fürsorglich sowie empfangend sein, kommen hier zum Tragen. Das Weibliche, die Göttin, die Mutter und Frau sind tief mit dem Trigramm Kun, das auch für die Erde steht, verwurzelt.

Weitere Zuordnungen

Himmelsrichtung:	Südwesten
Element:	Große Erde
Farben:	Creme, Beige, Braun, Ocker, dunkles Gelb
Lo-Shu-Zahl:	Zwei
Familienmitglied:	Mutter, Ehefrau, Frauen ab 46 Jahren
Naturbild:	Erde, Acker, Höhle, Feld

Fehlt die Südwestenergie oder ist sie nur mäßig vorhanden, kann es sein, dass beispielsweise Frauen, die aufgrund ihres Alters oder ihrer Position mit dem Sektor Kun verbunden sind, sich in ihrem Haus nicht sonderlich wohl fühlen. Eine energetische Störung kann auch zur Folge haben, dass es schwierig ist, einen Partner zu finden, oder dass »kein Platz« für eine Beziehung vorhanden ist. Ein Übermaß an Südwestenergie kann wiederum eine überfürsorgliche Mutter symbolisieren, die zum Beispiel ihrem Nachwuchs keinerlei Freiheiten zugesteht.

Körperliche Zuordnung

Eierstöcke, Eileiter, Uterus, Haut und subkutanes Gewebe, Milz, Magen, Bauchspeicheldrüse, Oberbauch

Krankheitsbilder

Neurodermitis, Psoriasis, Ekzeme und Ausschlag, Verdauungsbeschwerden, Übelkeit, Verstopfung, Erkrankung der inneren weiblichen Geschlechtsorgane wie Eileiter, Eierstock und Gebärmutter, Gebärmuttersenkung, Menstruationsprobleme

Psychische Ebene

Depression

Mineralien für die Betonung, Ergänzung und Aktivierung des Ba-Gua-Bereiches »Beziehung und Partnerschaft« – Trigramm Kun

. . . .

Bernstein, Biotit-Linse, Citrin, Dolomit, gelber und brauner Jaspis, Karneol, Landschaftsjaspis, Leopardenfell-Jaspis, Mondstein, Mahagony-Obsidian, Rauchquarz, Sardonyx, Septarie, Tigerauge, Tigereisen, Topas Imperial (goldgelb), Versteinertes Holz

. . . .

Calcit (rosa), Chalcedon (rot und rosa), Erdbeerquarz, Feueropal, Granat, roter Jaspis, Karneol, Mookait, Rubin, Rosenquarz, Rhodochrosit, Rhodonit, Sonnenstein

. . . .

Bernstein, Biotit-Linse, Citrin, Dolomit, gelber und brauner Jaspis, Karneol, Landschaftsjaspis, Leopardenfell-Jaspis, Mondstein, Mahagony-Obsidian, Rauchquarz, Sardonyx, Septarie, Tigerauge, Tigereisen, Topas Imperial und **Versteinertes Holz** entsprechen entweder durch ihre Farbgebung, ihre Struktur, ihre Elementezugehörigkeit oder ihr Thema diesem Ba-Gua-Bereich und können so zur Aktivierung, Betonung oder Ergänzung eingesetzt werden.

Calcit (rosa), Chalcedon (rot und rosa), Erdbeerquarz, Feueropal, Granat, roter Jaspis, Karneol, Mookait, Rubin, Rosenquarz, Rhodochrosit, Rhodonit und **Sonnenstein** sind die Repräsentanten der Wandlungsphase Feuer. Auch sie können für Aktivierungen oder Betonungen eingesetzt werden, da sie das Element Erde hervorbringen.

Bernstein erinnert an Sonnenstrahlen oder an flüssiges Gold. Wie die goldene Sonne, so bringt auch er Fröhlichkeit und Heiterkeit und lässt Sorgen vergessen. Zudem vermittelt er die Kunst des Loslassens, sodass Entspannung und Gelassenheit in unser Leben einziehen können.

Biotit-Linse

Mondstein

Die **Biotit-Linse** wird auch Geburtsstein genannt, da diese bei Geburten sehr erfolgreich und hilfreich eingesetzt wird. Sie unterstützt nicht nur das körperliche, sondern auch das mentale Gebären von Ideen und Projekten. Des Weiteren sorgt sie dafür, dass wir uns selbst treu bleiben – bei allem was wir tun; somit fördert sie Selbstverwirklichung, eben auch innerhalb Beziehungen.

Citrin: Das strahlende Licht des Citrins gibt Kraft, Lebensfreude und Elan. Es verleiht uns Lust auf neue Eindrücke und Erfahrungen und lässt uns offen auf unsere Umwelt und Mitmenschen zugehen.

Gelber und **brauner Jaspis, Landschafts-** und **Leopardenfell-Japsis:** Sie führen zu innerer Ruhe und Kontemplation. Auch Ausdauer sowie Beharrlichkeit zählen zu ihren Stärken. Innerhalb von Beziehungen fördern sie die Ehrlichkeit sich selbst gegenüber und verleihen die Kraft, auch Unangenehmes anzupacken.

Karneol fördert den Gemeinschaftssinn. Er ist ein Mutmacher im positiven Sinn und lässt uns ganz und gar für eine gute Sache eintreten. Auch Idealismus und Hilfsbereitschaft werden durch ihn gestärkt.

Mondstein wird der großen Mondin – der Göttin – zugeordnet. Seit jeher wird er als Glücks- und Fruchtbarkeitsstein verehrt. Er fördert Intuition und Hellsichtig-

Septarie

Bild rechts: Bernstein

Tigerauge

keit und verleiht dem Gefühlsleben Harmonie und Tiefe. Auch zur Traumarbeit kann er eingesetzt werden.

Rauchquarz ist der »Anti-Stress-Stein« schlechthin. Er bringt Entspannung und sorgt dafür, dass wir uns künftig nicht mehr stressen lassen – weder von Mann, Kind noch Chef. So ist er gerade für Frauen, die sowohl Familie als auch Beruf unter einen Hut bringen müssen, ein idealer Stein, der lehrt, Auszeiten zu nehmen und zu entspannen.

Rosenquarz unterstützt und fördert liebevolle Beziehungen, indem er den Austausch von Herz zu Herz ermöglicht. Gerade wenn Sie sich harmonische und liebevolle Beziehungen wünschen oder eine neue Liebe in ihrem Leben begrüßen möchten, dann ist Rosenquarz der richtige Stein.

Wer dazu neigt, Konflikten mit Mitmenschen aus dem Weg zu gehen, seinen Kummer, Frust und Ärger zu verdrängen bzw. in sich zu verschließen, der sollte mit **Septarien** arbeiten. Sie verleihen die Kraft, in Auseinandersetzungen den eigenen Standpunkt zu vertreten und sich nicht vom Gegenüber einschüchtern zu lassen. Des Weiteren schenken sie Hoffnung und Vertrauen – gerade dann, wenn wir enttäuscht und verbittert sind und uns vor der Welt verschließen.

Tigerauge verleiht Durchblick in allen Lebenslagen. Er fördert Entscheidungsfähigkeit, schenkt Mut und Gottvertauen und sorgt für die notwendige Distanz, wenn alles auf uns einstürmt oder wir uns in Zweifel, Sorgen und Stimmungsschwankungen verlieren.

Heilsteine für den Ba-Gua-Bereich »Beziehung und Partnerschaft« – Trigramm Kun

. . . .

Magen, Bauch-speicheldrüse, Milz

Bernstein hilft bei Gastritis und Magengeschwüren. Auch bei Erkrankungen der Milz kann er eingesetzt werden. **Sardonyx** fördert die Funktion der Milz und die Pankreastätigkeit. Er ist der Heilstein bei Magen-Darm-Erkrankungen, die in Kombination mit Atemwegserkrankungen einhergehen. **Citrin** regt die Verdauung an und stärkt die Funktion von Magen, Milz und Bauchspeicheldrüse. Er kann sogar Diabetes im Anfangsstadium lindern. **Achat mit Magensignatur** kann bei allen Magenproblemen eingesetzt werden. **Magnesit** lindert Sodbrennen, Übersäuerung und hilft bei krampfartigen Magenschmerzen. **Diaspor** ist ebenfalls bei Sodbrennen und Übersäuerung angezeigt. **Rubin** regt die Milztätigkeit an und **Mookait** sorgt für die Blutreinigung in der Milz. Alle Steine können auf die betroffene Stelle aufgelegt oder als Anhänger, Kette oder gebohrter Trommelstein getragen werden.

. . . .

Übelkeit

Bergkristall sowie **Dumortierit** lindern Übelkeit und Erbrechen. **Rosa Moosachat** fördert die Sekretion der Verdauungsenzyme und lindert Übelkeit. Zusätzlich verbessert er die Darmflora und regt die Darmtätigkeit an. Alle Steine können aufgelegt oder als Anhänger, Kette oder gebohrter Trommelstein getragen werden.

. . . .

Verstopfung

Rosa Moosachat: Wenn Sie den Stein drei Tage in Quellwasser einlegen, entsteht ein hervorragendes Abführmittel. **Flint** und **Hornstein** verbessern die Darmflora und helfen dadurch ebenfalls bei Verstopfung. Auch die **Biotit-Linse** kann bei diesen Beschwerden als Heilstein genutzt werden. **Schwarzer Turmalin**

Bernstein

Rosa Moosachat

Wasser-Achat

ist hilfreich, wenn es zu Verstopfungen durch falsche Lebensmittel oder bei Nahrungsumstellung, zum Beispiel auf Reisen, kommt. Hierzu wird auf der linken Bauchseite oder in der linken Hosentasche ein Kristall mit der Spitze nach unten aufgelegt bzw. getragen. **Oranger** und **grüner Calcit** in Kombination mit **Bernstein** regen die Verdauung an und helfen so gegen Verstopfung. Alle Steine werden entweder direkt auf den Bauch gelegt oder als Kette, Anhänger bzw. gebohrter Trommelstein getragen.

. . . .

Weibliche Geschlechtsorgane

Wasser-Achate haben eine Signatur, die der Fruchtblase ähnelt, und werden daher als Schutzstein für Schwangere eingesetzt. Bei Entzündungen der Gebärmutter oder bei Gebärmuttervorfall kann **Band-Achat** verwendet werden. **Malachit** stärkt und heilt Erkrankungen der Geschlechtsorgane, **Thulit** und **Zoisit** helfen bei Erkrankungen der Eierstöcke. **Biotit-Linsen** werden auch Geburtsstein genannt. Der Geburtsvorgang kann durch sie schneller und leichter vollzogen werden. Alle Steine können direkt am Körper aufgelegt oder als Trommelsteine, Anhänger bzw. Ketten getragen werden.

. . . .

Menstruations-beschwerden

Malachit und **Serpentin** wirken krampflösend und können daher bei Regelschmerzen eingesetzt werden. **Chrysokoll** hat ähnlich wie Malachit eine stark entspannende, krampflösende Wirkung und ist hervorragend bei Menstruations-

Leopardenfell-Jaspis

beschwerden einsetzbar. Bei extremen Krämpfen und bei Beschwerden, die durch eine zu späte Regelblutung entstehen, ist **Zirkon** günstig. **Mondstein** kann eingesetzt werden, um den **Zyklus** den Mondphasen anzugleichen, und **Achat mit Gebärmuttersignatur** hilft, extrem starke Blutungen zu lindern. Die Steine am besten direkt im Bereich der Gebärmutter auflegen.

Haus
    Fluorit stärkt und regeneriert die Haut und hilft daher auch bei Hauterkrankungen. **Chrysopras** entgiftet und entschlackt und kann daher manche Formen der Neurodermitis lindern bzw. heilen. **Leopardenfell-Jaspis** eignet sich besonders bei Schuppenflechte und Neurodermitis. Hier kann er Linderung bringen und den Heilungsprozess unterstützen. **Amethyst** lindert Hautunreinheiten. **Bernstein** kann bei stoffwechselbedingten Hauterkrankungen eingesetzt werden. **Aventurin** lindert Entzündungen und kann Ausschläge, Ekzeme und Allergien heilen. Alle Steine können entweder auf die betroffene Körperregion aufgelegt oder als Stein, Anhänger bzw. Kette getragen werden.

Depression
    Topas Imperial hilft bei allen Formen der Depression. Er stärkt das Selbstbewusstsein und den Selbstausdruck. Topas längere Zeit in Form von Kette, Anhänger oder Trommelstein am Körper tragen. **Rutilquarz** wirkt antidepressiv und stimmungsaufhellend. Er bringt neue Hoffnung und verleiht die Kraft, neue

Lebenswege zu entdecken. Er kann als Kette, Trommelstein oder Anhänger, besonders im Bereich des Solarplexus, getragen werden. **Citrin** und **Sonnenstein** bringen Licht ins Dunkle und helfen, sich aus der Depression zu befreien.

· ·

Trigrammuhr: Die effektivste Zeit für die Setzung von Steinen und Mineralien zur Betonung, Aktivierung oder Ergänzung im Ba-Gua-Bereich »Beziehung und Partnerschaft« ist zwischen 13.30 und 16.30 Uhr.

Organuhr: Optimaler Zeitraum für den Einsatz von Heilsteinen bei folgenden Beschwerden:

Milz, Bauchspeicheldrüse:	09 bis 11 Uhr
Magen:	07 bis 09 Uhr
Verstopfung:	05 bis 07 Uhr
Haut: 03 bis 05 Uhr (Lungen-Zeit) und 05 bis 07 Uhr (Dickdarm-Zeit) bei Hauterkrankungen, die durch Vergiftung entstehen, wie zum Beispiel manche Formen von Neurodermitis	
Geschlechtsorgane, weiblich:	19 bis 21 Uhr
Depression:	09 bis 11 Uhr

Für alle anderen Beschwerden in diesem Ba-Gua-Bereich empfehle ich, Heilsteinsetzungen während der Trigrammzeit (13 bis 16.30 Uhr) vorzunehmen.

Kinder und Kreativität – Trigramm Dui

Kreativität, Lebensfreude, Leidenschaft, Sinnlichkeit und Ästhetik stehen für diesen Ba-Gua-Bereich. Pläne, Ideen und Projekte können hier entwickelt und manifestiert werden. All unsere Kinder – sowohl die geistigen als auch die leiblichen – werden von diesem Trigramm unterstützt und gefördert. Darüber hinaus spielen sinnliches Erleben und Genuss eine große Rolle. Sprache, der Ausdruck von Gefühlen, Lachen, tiefe Freude und Glück sind ebenso wichtige Themen. Fähigkeiten wie sich selbst nähren und verwöhnen, gut zu sich selbst sein, Zeit für sich nehmen werden hier genauer analysiert. Aber auch die Nahrungsaufnahme und Ernte sind hier von zentraler Bedeutung.

Weitere Zuordnungen

Himmelsrichtung:	Westen
Element:	Kleines Metall
Farben:	Silber, Gold, Kupfer, Bronze, Weiß, metallisches Grau
Lo-Shu-Zahl:	Sieben
Familienmitglied:	Jüngste Tochter, Mädchen von 0 bis 15 Jahren
Naturbild:	See

Weist dieses Ba Gua eine energetische Störung auf, kann es schwierig sein, eigene Pläne und Projekte Wirklichkeit werden zu lassen. Man hat viele Ideen, weiß aber nicht, wie man sie realisieren könnte. Sollte sich der Wunsch nach Kindern nicht erfüllen, ist es ebenso ratsam, diesen Bereich etwas näher zu betrachten. Auch die Neigung, sich selbst nichts zu gönnen, nicht genießen zu können oder aber ausschließlich nach dem Lustprinzip leben zu wollen, deuten auf eventuelle Probleme in diesem Bereich hin.

Körperliche Zuordnung

Zähne, Mund und Mundhöhle, Sprache, Zunge, Dickdarm, Fortpflanzung- und Fruchtbarkeit, Brustraum und Busen, Hüften

Krankheitsbilder

Stottern, Entzündungen im Mundbereich, Zahnerkrankungen, Darmentzündungen, Unfruchtbarkeit, Erkrankungen im Bereich Hüfte und Becken, Brusterkrankungen und Probleme im Brustraum

Psychische Ebene

Übersteigertes Sexualverhalten, Genusssucht, Essstörungen, Schmerz um jeden Preis vermeiden, ununterbrochene und übertriebene Heiterkeit

Mineralien für die Betonung, Aktivierung oder Ergänzung des Ba-Gua-Bereiches »Kinder und Kreativität« – Trigramm Dui

· ·

Amethyst, Aragonit (weiß), Bronzit, Bergkristall, Calcit (weiß), Charoit, Chalkopyrit, Diamant, Gold, Hämatit, Kupfer, Magnesit, Pyrit, Pietersit, Silber, Schneequarz, Topas Imperial (goldgelb), Tigereisen

· ·

Bernstein, Dolomit, gelber und brauner Jaspis, Landschaftsjaspis, Mahagony-Obsidian, Rauchquarz, Septarie, Tigerauge

· ·

Amethyst, Aragonit (weiß), Bronzit, Bergkristall, Calcit (weiß), Charoit, Chalkopyrit, Diamant, Gold, Hämatit, Kupfer, Pyrit, Pietersit, Silber, Schneequarz, Topas Imperial (goldgelb), Tigereisen sind bezogen auf ihre Farbgebung, Thematik, Struktur oder ihr Element für die Aktivierung, Betonung oder Ergänzung der Ba-Gua-Bereiche »Kinder und Kreativität« sowie »Hilfreiche Freunde« ideal.

Bernstein, Dolomit, gelber und brauner Jaspis, Landschaftsjaspis, Mahagony-Obsidian, Rauchquarz und **Tigerauge** werden dem Element Erde zugeordnet, das heißt sie stellen die erzeugende Wandlungsphase des Elements Metall dar.

Amethyst

Somit können Sie diese Steine in den Bereichen »Kinder und Kreativität« und »Hilfreiche Freunde« optimal einsetzen.

Da **Amethyst, Bronzit, Calcit (weiß), Charoit, Chalkopyrit, Hämatit, Kupfer, Pyrit** und **Schneequarz** besonders geeignet sind für Aktivierungen, Betonungen oder Ergänzungen im Lebensbereich »Kinder und Kreativität«, folgt die Beschreibung der einzelnen Mineralien in diesem Kapitel. Alle anderen Steine bzw. Metalle werden im Kapitel »Hilfreiche Freunde – Trigramm Qian« auf Seite 107 vorgestellt.

Amethyst bringt Klarheit in unsere Gedanken und Vorstellungen. Er hilft, zentriert und konzentriert Pläne umzusetzen. Amethyst fördert eine nüchterne Betrachtungsweise der Dinge und lässt uns auch vor unangenehmen Angelegenheiten nicht zurückschrecken.

Bronzit ist der ideale Stein für gestresste Mütter und Väter, weswegen er auch den Namen »Tascheninsel für Eltern« trägt. Wenn einem die Kleinen wieder einmal die Hölle heiß machen und die Nerven aufs Äußerste gespannt sind, schenkt er Ruhe und Gelassenheit. Aber auch nach längerer Krankheit oder intensiven Arbeitsphasen hilft er, sich schnell wieder davon zu erholen bzw. zu regenerieren.

Bronzit (oben), Pyritwürfel (Mitte), Chalkopyrit (unten)

Calcit (weiß) sorgt dafür, dass die geistigen Kinder – sprich Projekte und Pläne – in die Tat umgesetzt werden. Er beschleunigt zudem die Entwicklung, insbesondere von Kindern.

Chalkopyrit lenkt die Aufmerksamkeit auf die kleinen Dinge – die meist wichtiger für das Gelingen eines Projekts sind als die großen. Er schärft die Beobachtungsgabe, fördert systematisches Denken und weckt Neugierde – Geheimnisse und Unbekanntes bekommen eine geradezu magische Anziehungskraft, und man scheut keine Mühen, bis diese gelüftet sind. Wer dazu neigt, immer wieder dieselben Fehler zu machen, erhält die Unterstützung, dieses Muster endlich loszulassen.

Türmen sich Berge von Papier auf Ihrem Schreibtisch? Droht das kreative Chaos überhand zu nehmen, und verschieben Sie ungeliebten Bürokram wieder mal auf morgen? Dann ist **Charoit** der richtige Stein für Sie! Er sorgt dafür, dass Sie die unerledigten Dinge mit Entschlusskraft anpacken und Schritt für Schritt erledigen. Zudem schenkt er Ruhe, Gelassenheit und einen erholsamen Schlaf.

Hämatit eignet sich besonders für Personen, die Mühe haben, gut zu sich selbst zu sein – ein zentrales Thema im Ba-Gua-Bereich »Kinder und Kreativität«. Dieser

Stein sensibilisiert uns für unsere Wünsche und lässt erkennen, welche Grundbedürfnisse wir haben; er richtet den Fokus auch auf unser leibliches Wohl. Zudem hilft er bei der Verwirklichung von Wünschen und beim Ausdruck von Bedürfnissen – notfalls auch mit entsprechender Vehemenz.

Kupfer verkörpert alles, wofür der Lebensbereich »Kinder und Kreativität« steht. Es hat eine spielerische, leichte Qualität, die uns für Schönheit, Ästhetik, Sinnlichkeit, Erotik und Sexualität öffnet. Aber auch Freundschaft und eine tiefe Liebe zu jedem Lebewesen werden durch Kupfer möglich.

Mit **Magnesit** sagen wir Ja zum Leben und Ja zu uns. Er öffnet uns für Selbstliebe und lässt uns so annehmen, wie wir sind. Dadurch können wir besser für uns sorgen und mehr Genuss in unser Leben bringen.

Pyrit kann zum Durchbruch verhelfen, wenn man das berühmte Brett vor dem Kopf hat und alles blockiert und stockend ist. Auf seelischer Ebene hält er uns den Spiegel vor Augen und konfrontiert uns mit unseren Licht- und Schattenseiten – wie ein reinigendes Feuer. Durch ihn erhalten wir die Chance, wieder in Fluss zu kommen, indem wir unsere Schattenaspekte erkennen, annehmen und transformieren.

Charoit-Kugel

Hämatit

Schneequarz fördert intensive Meditation und damit auch tiefe kreative Prozesse. Er verbindet uns mit der universellen Energie und ermöglicht es, uns zu »erinnern« und in Kontakt mit unserem innewohnenden Urwissen zu gelangen. All unsere Fähigkeiten und Anlagen werden von ihm ans Licht geholt und positiv gefördert.

Mund, Zähne   **Gagat** ist der Heilstein, wenn in der Mundhöhle Entzündungen, Bläschen, Beläge, Mundgeruch oder Zahnfleischbluten auftreten. Bei Soor bzw. Pilzbefall im Mund hat sich besonders die Kombination von **Chrysopras** und **Rauchquarz** bewährt. Bei Karies ist **Apatit** empfehlenswert und bei Paradontose und Zahnfleischbluten kann neben **Gagat** auch **Bernstein** und **Rhodonit** verwendet werden. Bei Zahnschmerzen haben sich **Sugilith** und **Kunzit** bewährt, während bei Wurzelentzündungen **Lavendel-Jade** besser ist. Alle Steine können direkt in den Mund genommen und ergänzend als Kette oder Anhänger getragen werden.

Stottern   **Chrysoberyll** ist der beste Stein bei Stottern. Er hilft selbst in extremen Stresssituationen wie Prüfungen, Ängsten usw. **Bergkristall** und **Chalcedon,** der Stein der Redner, können ebenfalls verwendet werden. Alle Steine sollten über längere Zeit als Anhänger, Kette oder gebohrter Trommelstein getragen werden.

Dickdarm   **Amethyst** reguliert die Darmflora und fördert die Wasserrückresorption. **Smaragd** ist der Heilstein des Dickdarms. Er hilft bei Entzündungen, Verstopfungen oder Infektionen. Am besten ist es, ihn vor dem Aufstehen in Form von Kristallen oder Trommelsteinen auf den Bauch aufzulegen, und zwar dem Verlauf des Dickdarms

Sugilith

folgend. Das heißt in einem Bogen, der rechts aufsteigt, quer über dem Oberbauch verläuft und links wieder absteigt. **Band-Achat** und **rosa Moosachat** können bei Darmentzündungen eingesetzt werden. **Calcit** ist ebenfalls ein sehr wichtiger Stein für den Dickdarm, da er die Darmflora reguliert und günstig beeinflusst. **Brauner** und **gelber Jaspis** sowie **Dolomit** und **Feuerachat** können ebenfalls bei Darmerkrankungen verwendet werden. **Tigereisen** fördert die Eisenaufnahme im Darm und **Schneequarz** fördert die Darmtätigkeit. **Gagat** ist angezeigt bei Durchfall. Alle Steine werden entweder direkt auf den Bauch gelegt oder als Kette, Anhänger bzw. gebohrter Trommelstein getragen.

· ·

Unfruchtbarkeit *Unfruchtbarkeit Frau:* **Topas Imperial** hilft bei allen Ursachen von Unfruchtbarkeit. **Rosenquarz** wird bei organisch bedingter Unfruchtbarkeit eingesetzt und **Mondstein** bei hormonellen Störungen.

Unfruchtbarkeit Mann: **Thulit** hilft bei unbekannter Ursache und Impotenz, während **Zoisit** die Spermienentwicklung fördert sowie die Regeneration der Geschlechtsorgane nach Erkrankung. Alle Steine sollten direkt am Körper – bevorzugt im Bereich Unterleib – als Trommelsteine, Anhänger bzw. Kette getragen werden.

· ·

Becken, Hüfte **Pyritsonne** lindert Gelenkschmerzen. Bitte nicht direkt auf die Haut auflegen, da es sonst zu Reizungen kommen kann – am besten vorher in ein dünnes Baumwoll-

Pyritsonne

tuch einwickeln. Bei rheumatischen Beschwerden ist **Malachit** der Stein der Wahl. Arthritis kann mit grünem **Turmalin** am besten behandelt werden. Bei Arthrose hat sich **Apatit** bewährt, und zur Reinigung der Gelenke eignet sich am besten **Bergkristall**. Alle Steine können entweder auf die betroffene Körperregion aufgelegt oder als Stein, Anhänger bzw. Kette getragen werden.

. . . .

Essstörungen   **Topas Imperial** wirkt appetitanregend und kann bei Magersucht helfen. **Covellin** hilft, den eigenen Körper so zu lieben, wie er ist. Da er auch die Magentätigkeit anregt, kann er bei Magersucht zu Hilfe genommen werden. **Roter Chalcedon** vermindert das Hungergefühl und kann bei Hungerattacken eingesetzt werden. Er sollte aber nicht länger als zwei Wochen getragen werden, da er die Nährstoffaufnahme hemmt und so auch Übelkeit verursacht. Alle Steine sollten längere Zeit (bis auf roten Chalcedon) in Form von Trommelstein, Kette oder Anhänger getragen werden.

. . . .

Gut zu sich selbst sein/Selbstliebe oder Genusssucht/ weitere Süchte   **Dumortierit** und **Amethyst** können beide bei Suchtverhalten erfolgreich eingesetzt werden. **Hämatit** hilft, gut zu uns selbst zu sein und uns entsprechend um uns zu kümmern. **Rosenquarz** und **Magnesit** fördern die Selbstliebe, und **Covellin** hilft, unseren Körper so anzunehmen, wie er ist. Alle Steine können entweder als Stein, Anhänger bzw. als Kette getragen werden.

. . . .

Hämatit

Pietersit

Brust/Brustraum   Bei Tumoren und Zysten kann unterstützend mit **Ozean-Achat** gearbeitet werden, da er sehr immunstärkend ist. Dies ist auch sehr empfehlenswert in der Rekonvaleszenz zur Vorbeugung und Stärkung. Am besten auf die betroffene Stelle auflegen bzw. aufkleben. Auch Kette, Anhänger oder Trommelsteine, die man bei sich trägt, sind möglich. Bei Beklemmungen im Brustbereich hat sich **Pietersit** bewährt. Er wirkt sehr schnell und muss daher meist nur kurz getragen werden. Seine optimale Wirkkraft entfaltet er, wenn er am Solarplexus aufgelegt wird. Des Weiteren kann er als Anhänger oder Trommelstein getragen bzw. mitgeführt werden.

· ·

Trigrammuhr: Die effektivste Zeit für die Setzung von Steinen und Mineralien zur Betonung, Aktivierung oder Ergänzung im Ba-Gua-Bereich »Kinder und Kreativität« ist zwischen 16.30 und 19.30 Uhr.

Organuhr: Optimaler Zeitraum für den Einsatz von Heilsteinen bei folgenden Beschwerden:

Dickdarm:	05 bis 07 Uhr
Magersucht:	07 bis 09 Uhr
Fruchtbarkeit:	19 bis 21 Uhr
Gelenke:	21 bis 23 Uhr
Brust/Immunsystem:	13 bis 15 Uhr

Für alle anderen Beschwerden in diesem Ba-Gua-Bereich empfehle ich, Heilsteinsetzungen während der Trigrammzeit (16.30 bis 19.30 Uhr) vorzunehmen.

Hilfreiche Freunde – Trigramm Qian

Die Kernthemen dieses Bereiches sind Unterstützung auf allen Ebenen und in jeder Situation. Diese Hilfe kann durch Freunde, Familie, Vorgesetzte, Mentoren, Lehrer oder durch unsere Schutzengel und geistige Führung erfolgen. Qian steht für den Himmel, das Schöpferische – also für die himmlischen Impulse im besten Sinne. Mit dieser göttlichen Führung läuft alles reibungslos und entwickelt sich mühelos zu unserem Besten, und zwar genau dann, wenn wir es benötigen. – Das Buch, das uns in die Hände »fällt« mit genau der Information, die wir gerade suchen ... Herr Müller, der uns über den Weg läuft, wenn wir ihn ohnehin anrufen wollten ... Wenn wir uns dieser Energie öffnen, ist es eine Pforte zum »Himmel«, durch die wir Segnung und Hilfe auf allen Ebenen erfahren. Im beruflichen Kontext werden diesem Segment Führung, Planung, Struktur und Organisation zugeordnet sowie der Chef, die Chefin eines Unternehmens.

Weitere Zuordnungen

Himmelsrichtung:	Nordwesten
Element:	Großes Metall
Farben:	Silber, Gold, Kupfer, Bronze, Weiß, metallisches Grau
Lo-Shu-Zahl:	Sechs
Familienmitglied:	Vater, Ehemann, Männer ab 46 Jahren
Naturbild:	Himmel

Wenn man das Gefühl hat, ständig alles alleine bewältigen zu müssen, nie Hilfe zu erhalten und folglich zum Einzelkämpfer wird, dann kann dies auf eine Störung in diesem Ba Gua hinweisen. Ist dieser Bereich und somit diese Energie überproportional stark vorhanden, zeigt sich häufig das Gegenteil: Personen, die ein »Helfersyndrom« entwickelt haben und ständig geben, ohne zu nehmen.

Körperliche Zuordnung

Lunge, Knochen, Kopf, Gehirn, Wirbelsäule, Zentralnervensystem

Krankheitsbilder

Migräne, Gehirnerkrankungen, Gehirnerschütterung, Ohnmacht, Epilepsie, Erkrankung der Lunge, Knochenbrüche

Psychische Ebene

Träumer, Personen, die nicht oder schlecht geerdet sind bzw. nicht auf der Erde sein möchten, Personen mit unrealistischen Lebenseinstellungen

Mineralien für die Betonung, Aktivierung oder Ergänzung des Ba-Gua-Bereiches »Hilfreiche Freunde« – Trigramm Qian

. . . .

Amethyst, Aragonit (weiß), Bronzit, Bergkristall, Calcit (weiß), Charoit, Chalkopyrit, Diamant, Gold, Hämatit, Kupfer, Magnesit, Pietersit, Pyrit, Silber, Schneequarz, Topas Imperial (goldgelb), Tigereisen

. . . .

Ammoniten, Bernstein, Dolomit, gelber und brauner Jaspis, Landschafts-Jaspis, Mahagony-Obsidian, Rauchquarz, Tigerauge, Versteinertes Holz

. . . .

Amethyst, Aragonit (weiß), Bronzit, Bergkristall, Calcit (weiß), Charoit, Chalkopyrit, Diamant, Gold, Hämatit, Kupfer, Pietersit, Pyrit, Silber, Schneequarz, Topas Imperial (goldgelb), Tigereisen werden, bezogen auf ihre Farbgebung, Thematik, Beschaffenheit oder ihr Element den Ba-Gua-Bereichen »Kinder und Kreativität« sowie »Hilfreiche Freunde« zugeordnet und sind daher für die Aktivierung, Betonung oder Ergänzung ideal.

Pietersit

Silber

Ammoniten

Argonit (weiss)

Bernstein, Dolomit, gelber und brauner Jaspis, Landschafts-Jaspis, Mahagony-Obsidian, Rauchquarz, Tigerauge und **Versteinertes Holz** gehören zum Element Erde und stellen somit die erzeugende Wandlungsphase des Elements Metall dar. Somit können auch diese Steine in diesem Ba Gua optimal eingesetzt werden.

Besonders günstig für die Arbeit im Lebensbereich »Hilfreiche Freunde« sind die Mineralien und Metalle **Aragonit (weiß), Bergkristall, Diamant, Gold, Silber, Pietersit** und **Topas Imperial.** Hier eine Beschreibung der einzelnen Steine:

Aragonit sorgt bei zu schnellen geistigen Entwicklungen, welche zu Desinteresse oder Überforderung führen können, für Stabilität. Er beruhigt und verstärkt körperliches Wohlgefühl.

Bergkristall steht für Klarheit und Reinheit. Er verleiht Struktur und Ordnung sowie das Gespür für den richtigen Zeitpunkt. Zudem zeigt er, was momentan wirklich wichtig ist. In seiner Wirkung ist er äußerst kraftvoll, und er besitzt die Gabe, Informationen aufzunehmen und diese ungefiltert an uns abzugeben. Mit Hilfe des Bergkristalls können wir hervorragend Visualisierungsübungen ausführen, indem wir unsere Pläne und Ziele kristallklar an unserem geistigen Auge vor-

Bergkristall

beiziehen lassen ... Sie können ihn auch »besprechen«, indem Sie ihn liebevoll darum bitten, bei einem bestimmten Problem Hilfestellung zu leisten. Sobald Sie ihn in der Hand halten, wissen Sie, dass Sie von ihm unterstützt und geschützt werden. Bergkristall verbindet uns auch mit der universellen Energie, mit der Schöpferkraft, und öffnet uns für Impulse von »oben«. Im tibetischen Buddhismus steht er für das Absolute, für das Licht der Erleuchtung und somit für die Unzerstörbarkeit des reinen Geistes. So zählt der Bergkristall-Vajra, auch Diamantzepter genannt, in Tibet zu den wichtigsten Ritualgegenständen.

Ein **Diamant** ist unbezwingbar und steht seit jeher für Unverwundbarkeit, Stärke und Tugendhaftigkeit. Er formt und stärkt unseren Charakter, bis aus dem »Rohstein« ein »geschliffener Edelstein« wird. Er kann ein gnadenloser Lehrmeister sein, wenn wir unserem Entwicklungsprozess aus dem Weg gehen, aber auch ein unbändiges Licht und Feuer in uns erwecken, wenn wir dazu bereit sind. So steht er, wie der Bergkristall, für die Unzerstörbarkeit des reinen Geistes.

Gold stärkt das Selbstbewusstsein und lässt uns unsere sehnlichsten Wünsche und Träume erkennen. Es stimmt uns heiter, bringt Lebendigkeit und öffnet uns für andere Menschen. Gold ist besonders dann angezeigt, wenn man sich mit Misserfolg auseinander setzen muss. Hier lindert es Unzufriedenheit und Depression.

Topas Imperial

Pietersit lässt Eindrücke schnell verarbeiten und hilft, die Aufmerksamkeit zu fokussieren. Auch bei schnellen, stürmischen Veränderungen im Leben hat er sich als »Sturmstein« einen Namen gemacht, indem er für Stabilität und somit auch für Ruhe und Gelassenheit sorgt. Darüber hinaus ist er ein exzellenter Heilstein bei Krankheiten, die auf mangelnde Ruhe zurückzuführen sind.

Silber bringt uns in Einklang mit den universellen Kräften und Zyklen, wie zum Beispiel den Mondphasen oder Jahreszeiten. Es regt die Phantasie an, löst blockierte Emotionen und fördert Herzlichkeit sowie Einfühlungsvermögen.

Topas Imperial (goldgelb) gilt seit jeher als Stein der Herrscher. Er ist somit für alle Führungskräfte und solche, die es werden wollen, ein äußerst hilfreicher Freund. Er fördert Selbstbewusstsein, Anerkennung und Ruhm und verleiht eine charismatische Ausstrahlung. Mit seiner Hilfe halten wir uns mit unseren Fähigkeiten und Taten nicht mehr zurück. Aufgrund seiner Eigenschaften lässt er sich auch dem Trigramm LI – »Ruhm und Anerkennung« zuordnen. Hier ist besonders die rosa oder reingelbe Variante empfehlenswert.

. . . .

Migräne, Kopfschmerz **Magnesit** und **Amethyst** helfen die Schmerzen zu lindern und können die Anzahl der Anfälle vermindern, wenn sie längere Zeit getragen werden. **Rhodochrosit** ist bei akuten Attacken einzusetzen. **Magnesit** und **Rhodonit** als Kombination haben sich bei Kopfschmerzen aller Art bewährt. Alle Steine können als Kette oder Anhänger getragen werden oder als Edelsteinessenz eingenommen werden.

. . . .

Ohnmacht **Thulit** beugt Ohnmachtsanfällen, die durch Schwäche entstehen, vor. Er kann als Kette, Anhänger bzw. Trommelstein getragen werden.

. . . .

Epilepsie **Dumortierit** hilft Anfällen vorzubeugen. **Sugilith** unterstützt durch Harmonisierung von Nerven und Gehirn. **Smaragd** kann bei Anfällen, die vorwiegend tagsüber stattfinden, sehr hilfreich eingesetzt werden, während **Chrysopras** bei Anfällen genutzt wird, die vorwiegend nachts passieren. Alle Steine werden mit Körperkontakt getragen.

. . . .

Gehirnerkrankungen **Amazonit** hilft bei Gehirnerkrankungen durch Stärkung des physischen Nervensystems. **Fluorit** fördert das Nervensystem des Großhirns. **Disthen** kann zur Stärkung der Funktion des Kleinhirns eingesetzt werden. Der **Diamant** ist bei Gehirnerkrankungen angezeigt. Alle Steine werden in Form von Kette oder Anhänger getragen.

. . . .

Lunge **Amethyst** und **Dendriten Chalcedon** helfen bei Erkrankungen der Lunge. **Dendriten Chalcedon** und **Opalith** haben eine reinigende Wirkung auf die Lungen. **Rutilquarz** fördert die Zellerneuerung der Lungen und **Moosachat** und **Ozean-Achat** sind durch ihre enorm stärkende Wirkung auf das Immunsystem besonders bei Infektionen sehr hilfreich. **Fluorit** kann zur Regeneration angewendet werden. Alle Steine können im Brustbereich aufgelegt oder als Stein, Anhänger bzw. Kette getragen werden.

. . . .

Dendriten Chalcedon

Fluorit

Calcit

| Knochenbrüche | **Apatit** ist der beste Stein bei Knochenbrüchen und heilt diese in Rekordzeit. **Calcit** ist ebenfalls ein sehr guter Heilstein. Die Steine werden auf die Bruchstelle aufgelegt; falls dies nicht möglich ist, sollten sie als Edelsteinessenz verwendet werden. |

. . . .

| Träumer – Personen mit fehlender Erdung | **Versteinertes Holz** hilft, sich zu erden und Bodenhaftung zu erlangen. Es wird entweder als Kette, Anhänger bzw. Trommelstein getragen, oder man verwendet Scheiben, auf die man zum Beispiel seine Füße stellt. Auch **Ammoniten** sind sehr erdend und haben zeitgleich durch ihre universelle «Antenne» eine starke Schutzwirkung. Je nach Größe können sie als Stein oder Anhänger getragen bzw. im näheren Umfeld platziert werden. |

. . . .

Trigrammuhr: Die effektivste Zeit für die Setzung von Steinen und Mineralien zur Betonung, Aktivierung oder Ergänzung im Ba-Gua-Bereich »Hilfreiche Freunde« ist zwischen 19.30 und 22.30 Uhr.

Organuhr: Optimaler Zeitraum für den Einsatz von Heilsteinen bei folgenden Beschwerden:

Lunge:	03 bis 05.00 Uhr
Migräne:	19 bis 21.00 Uhr

Für alle anderen Beschwerden in diesem Ba-Gua-Bereich empfehle ich, Heilsteinsetzungen während der Trigrammzeit (19.30 und 22.30 Uhr) vorzunehmen.

Das Zentrum – Tai Ji

Das Tai Ji ist das Herzzentrum des Hauses. In diesem Bereich fließt die Energie und Kraft aller acht Bereiche zusammen, und das Tai Ji steht somit für den energetischen Mittelpunkt des Gebäudes. Dieser Bereich sollte offen, frei und hell sein, damit sich hier alle Energien ungestört sammeln können. Das Herzzentrum versorgt uns mit dem größten Kraftpotenzial und wirkt sich daher positiv auf unsere Gesundheit, Vitalität sowie auf die Familienharmonie aus.

In der Baumeisterzeit war es Tradition, das Zentrum des Gebäudes besonders zu kennzeichnen. Dies geschah zum Beispiel durch einen Stern oder einen Kreis, der durch farbige Fliesen oder andersfarbige Hölzer in den Boden gearbeitet wurde. Im Schloss Schleißheim, München, findet man noch heute eine solche Markierung. Auch Innenhöfe wurden einst gerne als Zentrum gewählt, was eine optimale Bauweise darstellt und heute noch gerne empfohlen wird.

Toiletten, schwere Möbel, zu massives Mauerwerk sowie Lagerräume oder Abstellkammern sollten unbedingt im Tai Ji vermieden werden. Da sich die Energien aus den acht Bereichen durch diese Blockade(n) im Zentrum nicht sammeln können, ist die Grundenergie des Hauses geschwächt. Dies wirkt sich wiederum hemmend auf unsere Gesundheit aus, indem es beispielsweise das Immunsystem schwächt. Auch der Zusammenhalt in der Familie oder im Büro unter Kollegen kann bei einem gestörten Tai Ji gefährdet sein, nach dem Motto: »Jeder kocht sein eigenes Süppchen«. Streitereien können dadurch ebenso begünstigt werden.

Liegt eine Störung der Mitte vor, sollte in einem anderen Raum, bevorzugt im Wohnzimmer oder Esszimmer, ein Ersatzzentrum geschaffen werden. Dazu können Sie folgende Mittel einsetzen:

– Hängen Sie in der Mitte des Raumes eine geschliffene Bergkristallkugel oder eine Bleikristallkugel auf. Sie können die Mitte durch einen kleinen runden Tisch, den Sie unter die Kugel stellen, noch verstärken. Auch ein runder Teppich kann zusätzlich Unterstützung bieten.

Orange Calcitkugel

— Platzieren Sie ein Edelsteinmandala auf einem kleinen runden Tisch im Zentrum, oder stellen Sie eine schöne große Bergkristall- oder Rosenquarzkugel in der Mitte des Raumes auf. Auch Septarien und oranger Calcit sind hier sehr effektiv.

Diese Steine und Mineralien sorgen dafür, dass die Energie des Zentrums wieder in Fluss kommt, was sich schließlich positiv auf alle Bewohner auswirkt.

Anfertigung eines Edelsteinmandalas aus Bergkristall, Amethyst und/oder Rosenquarz

Besorgen Sie sich sechs kleine bis mittelgroße Bergkristallspitzen – je nach Größe des Raumes – sowie fünf bis sechs Bergkristall-, Rosenquarz- und/oder Amethystkugeln. Platzieren Sie die Kugeln und Bergkristallspitzen auf einer flachen Schale oder einem Teller aus Ton, Stein, Glas oder einem anderen natürlichen Material. Legen Sie die Kugeln in die Mitte, und positionieren Sie die sechs Bergkristallspitzen kreisförmig um die Kugeln. Die Spitzen richten sich auf die Kugeln, sodass die Kugeln die Energie harmonisch in den Raum abstrahlen können.

Achten Sie darauf, dass sie bei kleineren Räumen entsprechend kleinere Kristalle verwenden bzw. in größeren Räumen entsprechend größere wählen.

Septarie (Mandala)

Wer mit Heilsteinen im gesundheitlichen Bereich – speziell für das Immunsystem – eine unterstützende Maßnahme ergreifen möchte, dem lege ich besonders Ozean-Achat und Moosachat nahe. Sie bewirken eine enorme Stärkung des Immunsystems und können zum Beispiel in Form einer runden Ozean-Achatplatte oder eines Mobiles aus Moosachat-Donuts im Zentrum platziert werden. (Diese Steine können selbstverständlich auch am Körper getragen werden.)

Betonungen, Aktivierungen und Ergänzungen sind zu jeder Tageszeit möglich, da das Zentrum immer aktiv ist!

Die Anwendungsmöglichkeiten von Mineralien und Steinen im Feng Shui

Fehlbereiche energetisch ergänzen und harmonisieren

Ein Fehlbereich im Ba Gua entsteht, wenn der Schnitt der Wohnung oder des Hauses nicht quadratisch oder rechteckig ist. Zumeist handelt es sich um L- oder U-förmige Bauten. Auch Anbauten, Erker, Wintergärten, Balkone und Terrassen können Fehlbereiche erzeugen. Wenn die Abweichung im Grundriss mehr als dreißig Prozent von der Gesamtlänge der Wohn- bzw. Büroeinheit einnimmt, kommt es zu einem Fehlbereich.

Beträgt die unregelmäßige Fläche dreißig Prozent oder weniger von der Gesamtlänge des Grundrisses, handelt es sich um eine Betonung bzw. Verstärkung dieses Ba-Gua-Bereiches und kann zumeist als günstig bewertet werden. Wir bezeichnen dies als Überschussbereich.

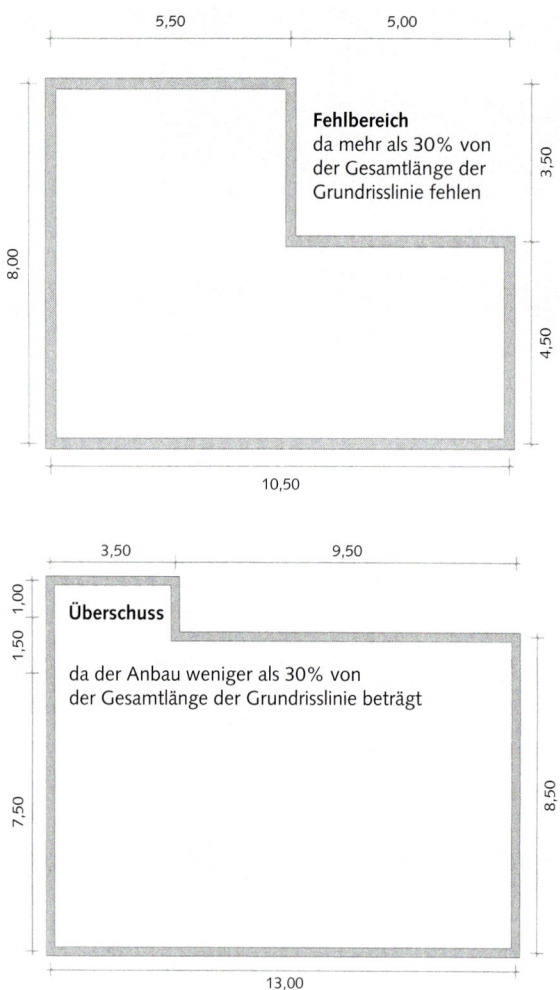

Zum Anfertigen eines Ba Gua in Bezug auf Ihren Wohnungs-/Hausgrundriss sowie zum exakten Lokalisieren von Fehlbereichen siehe Seite 131.

Fehlbereiche im Innenbereich korrigieren

Sie haben die Möglichkeit, Unregelmäßigkeiten im Grundriss effektiv auszugleichen, das heißt entsprechende Korrekturen in einem Raum Ihrer Wahl vorzunehmen. Dazu legen Sie das Ba Gua, welches Sie vorher über die ganze Wohnfläche gelegt haben, über den Raum, in dem Sie die Korrektur durchführen möchten, zum Beispiel Wohn- oder Schlafzimmer (vgl. hierzu Seite 131).

Tipp: Wählen Sie für die Korrektur Räume, in denen Sie sich häufig aufhalten, um die positive Energie verstärkt aufnehmen zu können.

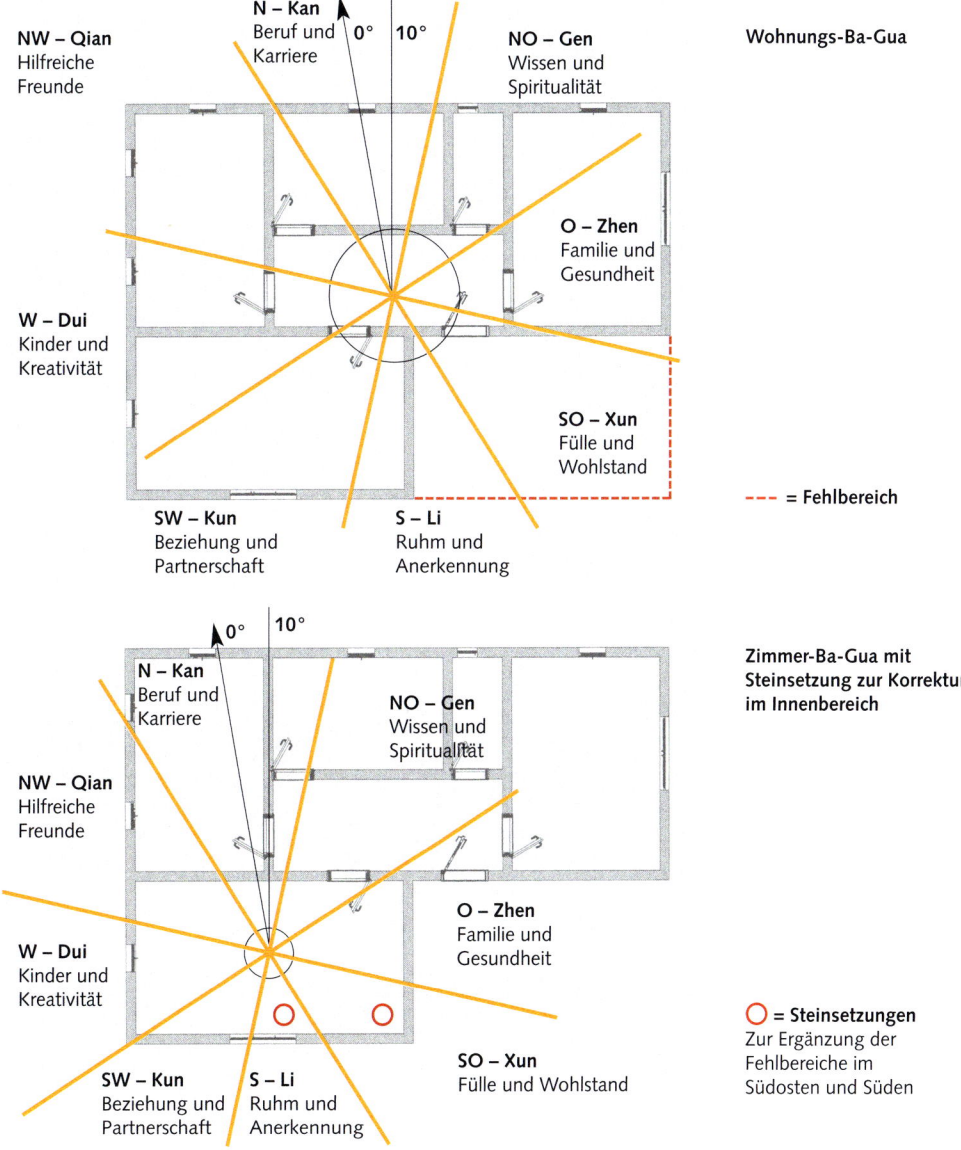

Fallbeispiele

1. Wenn Sie festgestellt haben, dass der Fehlbereich im Haus von Frau Müller im Süden, im Ba-Gua-Lebensbereich »Ruhm und Anerkennung« liegt, können Sie aus der entsprechenden Tabelle einen Stein für die Betonung und Ergänzung wählen. In diesem Fall wäre das zum Beispiel der Sonnenstein. Frau Müller kann nun einen Sonnenstein im Ba-Gua-Bereich »Ruhm und Anerkennung« in dem von ihr dafür ausgewählten Zimmer, etwa im Wohnzimmer, platzieren.

Liegen zwei oder mehr Fehlbereiche vor, ergänzen Sie nicht alle gleichzeitig in einem Raum. Nehmen Sie zum Beispiel eine Ergänzung im Wohnzimmer und eine im Schlafzimmer vor. Dies gilt auch, wenn Sie neben den Ergänzungen noch Betonungen bzw. Aktivierungen von einzelnen Ba-Gua-Bereichen durchführen.

2. Angenommen, der Fehlbereich liegt im Nordosten, also im Ba-Gua-Bereich »Wissen und Spiritualität«. Wählen Sie ein geeignetes Zimmer für die Korrektur/Ergänzung aus, und übertragen Sie das Ba Gua auf diesen Raum. Suchen Sie nun den passenden Stein für die Ergänzung (siehe Tabelle für diesen Lebensbereich). Bei der Auswahl »Ihres« Steines können Sie sich vom Thema des Steins inspirieren lassen oder Sie folgen optischen Impulsen. Sie können auch verschiedene Steine, die für Sie in Frage kommen, in ein Säckchen geben, gut schütteln und einen Stein mit geschlossenen Augen intuitiv aussuchen.

Möglicherweise haben Sie sich für einen Mahagony-Obsidian entschieden. In Form eines Donuts kann er, an einem Seidenband befestigt, aufgehängt werden. Oder Sie platzieren einen größeren polierten Trommelstein auf einem farblich passenden Seidentuch an einer gut sichtbaren Stelle Ihres Raumes. Stein-Buddhas, zum Beispiel aus Calcit oder Rosenquarz, würden sich ebenfalls hervorragend eignen.

Ein weiterer wichtiger Schritt ist es, dem Stein mental einen »Auftrag« zu geben: Er soll für Sie den Fehlbereich ausgleichen sowie die Energie dieses Guas aktivieren! Dadurch kann der Stein seine Aufgabe zielgerichtet ausführen, gemäß dem Gesetz, dass die Energie der Aufmerksamkeit folgt.

Wenn Ihnen der »mentale Auftrag« etwas seltsam erscheint, hilft Ihnen vielleicht die Vorstellung von einem Assistenten, der Ihnen ab sofort zur Seite steht. Damit er seinen Job auch wirklich gut machen kann, benötigt er von Ihnen eine klare Auskunft über sein Tätigkeitsfeld. Auch angenehme Umgangsformen schätzt er, denn dann macht ihm sein Job doppelt so viel Freude. Also, vergessen Sie nicht, sich bei Ihrem Stein für seine Hilfe zu bedanken; reinigen Sie ihn auch regelmäßig (siehe hierzu Kapitel »Wie reinige ich die Steine?« auf Seite 134). Während der Zeit der Reinigung sollten Sie immer einen Ersatzstein gleicher Art parat haben, der einstweilen für die Betonung bzw. Aktivierung sorgt. Übrigens können Sie den zweiten Stein, solange er nicht im »Einsatz« ist, bei sich tragen, um sich zusätzlich mit der positiven Energie zu umgeben.

Was die Größe der Steine betrifft, haben Sie freie Wahl. Sie sollten nur nicht kleiner als eine Zwei-Euro-Münze sein.

Fehlbereiche im Außenbereich korrigieren

Wenn Sie einen Garten haben, dann können Sie den Fehlbereich auch dort korrigieren. Dies kann als Einzelmaßnahme oder ergänzend zur Korrektur im Innenbereich erfolgen.

Der Stein wird einfach am Schnittpunkt der Linien platziert, an dem sie sich treffen würden, wenn der Grundriss vollständig wäre. Betrachten Sie hierzu die Grafik auf der folgenden Seite.

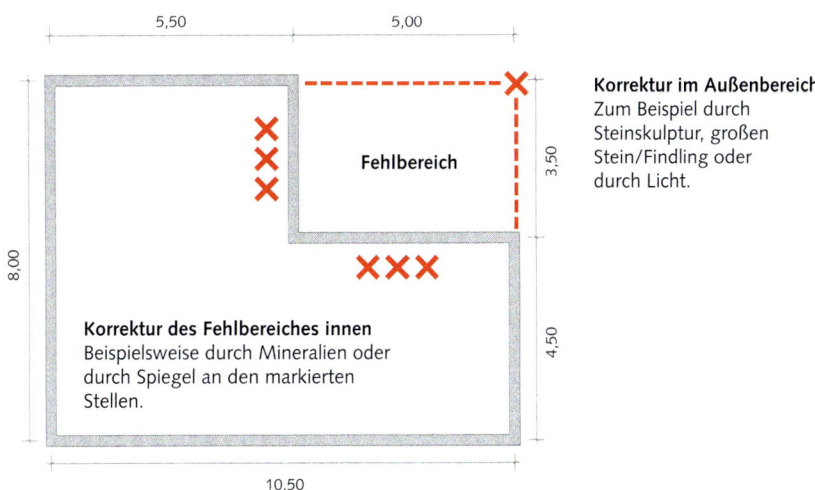

Korrektur im Außenbereich
Zum Beispiel durch Steinskulptur, großen Stein/Findling oder durch Licht.

Fehlbereich

Korrektur des Fehlbereiches innen
Beispielsweise durch Mineralien oder durch Spiegel an den markierten Stellen.

Fallbeispiel

Das Ba Gua »Ruhm und Anerkennung« weist beispielsweise einen Fehlbereich auf. Sie haben hierfür bereits einen Rosenquarz ausgewählt. Nun können Sie den großen, schönen Stein im Garten an der Stelle platzieren, wo sich der imaginäre Kreuzungspunkt der Grundrisslinien befindet, wäre das Mauerwerk vollständig vorhanden.

Da nicht alle Steine, die den einzelnen Lebensbereichen zugedacht sind, in großen, rohen und vor allem in preislich erschwinglichen Stücken zu erhalten sind, können Sie auch auf andere für den Außenbereich geeignete Steinarten zurückgreifen – zum Beispiel auf Findlinge, Jurakalkstein oder Steinskulpturen. Die Korrektur kann dann noch zusätzlich im Innenbereich – mit dem empfohlenen Stein für diesen Ba-Gua-Bereich – durchgeführt werden.

Mangelbereiche energetisch ergänzen und harmonisieren

Energetische Störungen können auch durch Räume entstehen, die nicht oft genutzt werden bzw. nicht als Lebensräume konzipiert sind. Ich wähle hier bewusst den Begriff »Mangelbereiche«, da es sich optisch nicht um »Fehlbereiche« handelt, sondern um Bereiche, deren Energiequalitäten wir nicht richtig aufnehmen können, da wir uns dort täglich nur kurz aufhalten, wie zum Beispiel im Flur, Treppenbereich, Bad und WC.

Je nach Größe der Wohnflächen können davon bestimmte Ba-Gua-Bereiche teilweise bzw. komplett betroffen sein. Es ist wichtig, diese Mangelbereiche wieder zu integrieren, da sie auf Dauer Spuren hinterlassen können – sei es auf körperlicher, seelischer oder materieller Ebene.

Die Integration dieser Mangelbereiche erfolgt, wie oben beschrieben: Der Energiemangel wird in einem von uns häufig genutzten Raum durch entsprechende Aktivierung ausgeglichen.

Fallbeispiel

Angenommen, der Mangelbereich erstreckt sich auf den Ba-Gua-Bereich »Hilfreiche Freunde«. Dort befindet sich das Badezimmer und ein Teilbereich des Flurs. Da Sie natürlich ungern auf die Unterstützung von »hilfreichen Geistern« in Ihrem Leben verzichten möchten, erschaffen Sie sich in Ihrem Arbeitszimmer einen Ersatzbereich »Hilfreiche Freunde«. Wählen Sie aus der entsprechenden Tabelle einen Stein, der Ihnen entweder aufgrund des Themas oder der Optik gefällt oder Sie intuitiv anspricht. Sagen wir, Ihre Wahl fällt auf den Bergkristall.

Sie können nun eine Bergkristallgruppe, einen Bergkristall-Trommelstein, eine Bergkristallkugel oder einen Bergkristall-Donut in Ihrem Arbeitszimmer, möglichst zentral und gut sichtbar, im Bereich »Hilfreiche Freunde«, platzieren. Geben Sie Ihrem »Freund« mental einen Auftrag, er möge doch bitte diese hilfreiche Energie aktivieren und in Ihr Leben bringen. Lassen Sie das Thema los, und bedanken Sie sich für die Unterstützung. Vermeiden Sie es, in einem Raum gleichzeitig mehrere Korrekturen durchzuführen.

Betonen und Aktivieren einzelner Ba-Gua-Lebensbereiche

Wenden wir uns nun dem Thema Aktivierung oder Betonung einzelner Lebensbereiche zu.

Fallbeispiele

1. Angenommen, Sie wünschen sich mehr Erfolg im Beruf. Sie möchten gerne die Karriereleiter weiter emporsteigen und deswegen diesen Lebensbereich in Ihrem Zuhause aktivieren.

Erstellen Sie für Ihren Wohnungs- oder Hausgrundriss ein Ba Gua (siehe Kapitel »Wie zeichne ich ein Ba Gua?« auf Seite 131). Stellen Sie fest, welcher Raum bzw. welche Räume im Ba-Gua-Bereich »Beruf und Karriere« liegen. Sollte dies zum Beispiel das Badezimmer oder/und der Flur sein, ist es besser, ein Zimmer-Ba-Gua zu erstellen. (Näheres hierzu im Kapitel »Mangelbereiche energetisch ergänzen und harmonisieren« auf Seite 121.)

Wenn Sie die Lage des Ba-Gua-Bereiches festgestellt haben, wählen Sie einen entsprechenden Stein, zum Beispiel den blauen gebänderten Chalcedon. Platzieren Sie diesen (als Trommelstein oder Donut) gut sichtbar im Bereich »Beruf und Karriere«. Geben Sie Ihrem Stein mental den Auftrag, diesen Bereich zu aktivieren, lassen Sie das Thema los, und bedanken Sie sich bei ihm für die Hilfe.

Eine regelmäßige Reinigung des Steines ist empfehlenswert. Verwenden Sie dann einen Ersatzstein, damit die Aktivierung aufrechterhalten wird. Zusätzlich können Sie den Stein, den Sie für die Aktivierung gewählt haben, auch bei sich tragen, um sich mit der Energie Ihres aktuellen Themas noch stärker zu verbinden. Auch direkt am Ort des Geschehens, also in Ihrem Büro, können Sie den Bereich »Beruf- und Karriere« mit dem richtigen Stein zu aktivieren.

2. Um auch für unser Herz zu sorgen, wenden wir uns dem Ba-Gua-Bereich »Beziehung und Partnerschaft« zu. Vielleicht möchten Sie Ihre bestehende Partnerschaft mit neuer, positiver Energie beleben oder wünschen sich eine neue Beziehung?

Lokalisieren Sie in Ihrer Wohnung den Ba-Gua-Bereich »Beziehung und Partnerschaft«, der der Himmelsrichtung Südwesten entspricht. Wählen Sie den entsprechenden Stein. Nehmen wir an, Sie haben sich für den Mondstein entschieden. Da es um Beziehung geht und die Zahl zwei diesem Ba Gua zugeordnet wird, können Sie sich zwei Mondsteine in Form von Trommelsteinen oder Donuts besorgen. Ideal sind auch zwei Mondsteinherzen, die Sie an eine sorgsam ausgewählte Stelle legen. Bitten Sie Ihren Stein bzw. Ihre Steine wieder um Unterstützung und Aktivierung dieses Bereiches, indem Sie mental einen Auftrag vergeben. Lassen Sie das Thema los mit der ruhigen Gewissheit, dass auf energetischer Ebene dafür gesorgt ist.

Achten Sie stets darauf, dass die Mineralien, Steine und Kristalle möglichst im Zentrum des zu betonenden oder ergänzenden Ba-Gua-Bereiches platziert werden, um so eine optimale Wirkung zu erhalten. Je näher sie an die Grenzlinien zu den Nachbarsektoren reichen, umso schwächer und »unklarer« wird die Energie (das heißt auch die Aktivierung oder Ergänzung), da sie sich bereits mit der Energie des anderen Bereiches vermischt.

Aktivieren Sie nie alle Ba-Gua-Bereiche gleichzeitig – ein bis maximal zwei Bereiche zur gleichen Zeit sind ausreichend. Setzen Sie hier eindeutig Prioritäten, und wägen Sie ab, was wirklich wichtig für Sie ist.

Beobachten Sie, was sich während des Prozesses konkret verändert und wie Sie sich dabei fühlen. Hat sich das Thema zu Ihrer Zufriedenheit entwickelt, können Sie den nächsten Bereich in Angriff nehmen. Manchmal kann es – ähnlich wie in der Homöopathie – zu Erstverschlimmerungen kommen. Dies ist nicht ungewöhnlich, denn durch die Kraft der Steine wird einiges in Bewegung gesetzt. Sollten sich allerdings nach zwei bis drei Tagen die Wogen nicht glätten, empfiehlt es sich, die Aktivierung rückgängig zu machen. Warten Sie ein paar Tage, bis sich alles wieder beruhigt hat, und versuchen Sie es mit einem anderen Stein, der sich ebenso für diesen Bereich eignet; oder wählen Sie einen kleineren Stein für den Anfang. Gerade zu Beginn kann es von Vorteil sein, nicht allzu große Steine zu verwenden, um unerfreulichen Irritationen vorzubeugen.

Gegebenenfalls sollten Sie nochmals überprüfen, ob das Ba Gua richtig auf dem Grundrissplan eingezeichnet wurde, um Fehlaktivierungen zu vermeiden.

Anwendung von Heilsteinen im Feng Shui

Die körperliche Anwendung von Heilsteinen habe ich bereits im Kapitel »Das Ba Gua und die Zuordnung von Mineralien und Steinen« dargelegt. Bei Beschwerden können Sie noch zusätzlich einen Heilstein in den dem Krankheitsbild entsprechenden Ba-Gua-Bereich legen.

Fallbeispiel

Angenommen, Sie haben eine Nasennebenhöhlenentzündung. Wie Sie bereits wissen, lässt sich dieses Krankheitsbild dem Ba-Gua-Bereich »Fülle und Wohlstand« zuordnen. Sie wählen einen passenden Heilstein, zum Beispiel einen Smaragd.

Sie können nun den Smaragd auflegen oder als Kette tragen sowie zusätzlich in Ihren Wohnräumen im Ba-Gua-Bereich »Fülle und Wohlstand« positionieren. Um die Wirkung zu verstärken, empfiehlt es sich wiederum, dem Stein einen mentalen Auftrag zu erteilen. Der Heilstein bleibt so lange im entsprechenden Ba-Gua-Bereich, bis Sie wieder gesund sind.

Sollten Sie hingegen festgestellt haben, dass Ihr Ba-Gua-Bereich »Fülle und Wohlstand« ein Fehlbereich ist, führen Sie zunächst eine Ergänzung dieses Fehlbereiches durch (siehe Kapitel »Fehlbereiche energetisch ergänzen und harmonisieren«, Seite 118). Fehlbereiche können unter anderem gesundheitliche Beschwerden hervorbringen bzw. begünstigen! Zusätzlich zum Stein, den Sie für die Ergänzung gewählt haben, sollte dann der entsprechende Heilstein – hier der Smaragd – in diesem Ba-Gua-Bereich platziert werden – bis Sie wieder wohlauf sind.

Zur Auswahl der Heilsteine

Wenn Sie nicht sicher sind, welcher Heilstein für Sie der richtige ist, holen Sie sich Rat bei einem steinheilkundigen Heilpraktiker oder Arzt.

Sie können »Ihren« Heilstein aufgrund der Thematik oder Farbe bewusst auswählen.

Sie können auch intuitiv vorgehen: Legen Sie die für Sie geeigneten Steine zusammen, und treffen Sie mit geschlossenen Augen intuitiv eine Wahl.

Zur Vertiefung kann ich die Bücher des renommierten Steinheilkunde-Experten Michael Gienger (»Heilstein Hausapotheke«, »Lexikon der Heilsteine« und »Die Edelsteinkunde«) empfehlen.

Weitere Einsatzmöglichkeiten von Mineralien und Steinen im Feng Shui

Hemmende Jahresenergien korrigieren

Feng Shui berücksichtigt auch die jährlich wechselnden Energieeinflüsse, die sowohl hemmende als auch positive Energien bescheren können. Einer der sehr ungünstigen Energieaspekte ist der so genannte Jahresstern 5, der auch als »Die 5 Gelben« bezeichnet wird. Er steht für Unglück, Unfälle, Hemmnisse und Blockaden aller Art sowie für Stagnation und Geldverlust. Auf die Gesundheit kann er sich ebenso ungünstig auswirken.

Den Jahresstern 5 finden wir ab dem 4. Februar 2003 im Südosten – Lebensbereich »Fülle und Wohlstand«, im Jahr 2004 befindet er sich ab Anfang Februar im Tai Ji – im (Herz-)Zentrum und 2005 im Nordwesten – Ba-Gua-Bereich »Hilfreiche Freunde«. Beachten Sie, dass hier vom chinesischen Jahr ausgegangen wird; der Jahresbeginn ist somit immer zwischen Ende Januar und Anfang Februar.

Diese störende Energie des Jahressterns 5 können Sie mit Hilfe von Steinen »besänftigen« und neutralisieren. Favorit ist hier Covellin: Verwenden Sie entweder ein größeres Stück oder sechs Trommelsteine. Bergkristall oder sechs Chalkopyrit-Trommelsteine eignen sich ebenso. Tipp: Legen Sie die Steine in eine schöne Metallschale, wobei sich besonders Klangschalen bewährt haben.

Platzieren Sie die Steine im Jahre 2003 im Südosten, im Ba-Gua-Lebensbereich »Fülle und Wohlstand«. 2004 nehmen Sie die Korrektur im Tai Ji vor, wobei Sie den bzw. die Steine, den/die Sie zuvor im Südosten hatten, verwenden. Im Jahre 2005 »wandern« Ihre Steine dann zur Ableitung des störenden Einflusses in den Nordwesten, in den Ba-Gua-Bereich »Hilfreiche Freunde«.

Eine weitere, sehr hemmende Energie ist der Jahresstern 2. Er repräsentiert die Themen »Krankheit und Geldverlust«. Gerade wenn sich diese Energie im Bereich Ihres Wohnungseingangs oder in Räumen befindet, die Sie täglich oder häufig nutzen, wie zum Beispiel Schlafzimmer, Wohnzimmer und Kinderzimmer, sollten Sie entsprechende Maßnahmen zur Ableitung ergreifen.

2003 befindet sich der Jahresstern 2 im Norden, Ba-Gua-Bereich »Beruf und Karriere«. 2004 müssen Sie die Korrektur im Südwesten, Ba-Gua-Bereich »Beziehung und Partnerschaft« vornehmen, und 2005 platzieren Sie das Ableitungssymbol im Osten, Ba-Gua-Bereich »Familie und Gesundheit«. Als Ableitungs- bzw. Korrektursymbol empfehle ich sechs kleine Chalkopyrit-Donuts, die mit einem roten Seidenband verbunden werden. Wer zusätzlich gerne die »Klassiker« verwenden möchte, kann hier ergänzend die »Sechs chinesischen Münzen an rotem Seidenband« einsetzen. Die Vorgehensweise ist dieselbe wie bei Jahresstern 5. Nehmen Sie die Chalkopyrit-Donuts und platzieren Sie sie in den oben genannten Bereichen. Also: 2003 gehören die Steine in den Norden, 2004 wechseln sie in den Südwesten und 2005 wandern sie weiter in den Osten.

Vergessen Sie nicht, die Steine regelmäßig zu reinigen und in der Reinigungszeit Ersatzsteine an gleicher Stelle zu platzieren.

Rosenquarzkette und -armband (oben links und rechts), Bergkristall (Mitte), Aquamarin-Bergkristallkette (unten)

Ketten und Armbänder

Die meisten Steine können wir auf uns tragen und uns so mit den entsprechenden Energien versorgen. Ketten oder Armbänder eignen sich besonders gut, da sie sich nach individuellen Wünschen anfertigen lassen. Wenn Sie vertraut sind mit Ihren persönlichen Glückselementen und -steinen, zum Beispiel aus der traditionellen chinesischen Astrologie, können Sie sich eine persönliche Kraftquelle in Form einer Kette oder eines Armbandes anfertigen lassen.

Bei der Gestaltung Ihrer Schmuckstücke können Sie auch zwei oder drei Steine kombinieren. Besonders schön und vor allem kraftvoll sind Steinkombinationen mit Bergkristall, beispielsweise Rosenquarz und Bergkristall oder Aquamarin und Bergkristall.

Obsidianspiegel und -anhänger – der energetische Schutzschild

Wenn Sie mit Mobbing konfrontiert werden oder sich vor negativen mentalen Übergriffen Ihrer Mitmenschen abschirmen möchten, bietet Obsidian den idealen Schutz. Mit Hilfe eines Obsidianspiegels können Sie unliebsame energetische Beeinflussungen geschickt abwenden. Gehen Sie wie folgt vor:

Wenn Sie wissen, wo die fragliche Person wohnt, richten Sie den Spiegel in Ihrer Wohnung so aus, dass die spiegelnde Fläche in die Himmelsrichtung zeigt, in

Salzkristalllampe

der sich der »Absender« befindet. Befestigen Sie an der Spiegelrückseite einen Bergkristall-Donut und/oder einen Rosenquarz-Donut. Mit Bergkristall senden Sie »Licht ins Dunkle«, und zeitgleich verstärken Sie Ihren eigenen Schutz. Rosenquarz symbolisiert reine Liebe und ist somit der größtmögliche Schutz. Geben Sie zur Verstärkung einen mentalen Auftrag an den Obsidianspiegel, bedanken Sie sich, und vertrauen Sie auf die Wirkung.

Kennen Sie den Wohnort des »Absenders« nicht, gehen Sie wie folgt vor:

Nehmen Sie sich einen Augenblick Zeit, und sorgen Sie dafür, dass niemand Sie stört. Stellen Sie sich in die Mitte Ihres Wohn- oder Schlafzimmers, schließen Sie die Augen, atmen Sie ein paar mal tief durch, und verbinden Sie sich mit Mutter Erde und Ihrem Höheren Selbst. Breiten Sie Ihre Arme aus, und drehen Sie sich ganz langsam um Ihre eigene Achse. Während Sie das tun, stellen Sie laut oder nur im Geist die Frage: »Aus welcher Richtung kommt diese negative Energie?« Sie können natürlich Ihre eigene Frage formulieren. Achten Sie auf jede Kleinigkeit, auf jedes Gefühl, erspüren Sie die Richtung, aus der der negative Einfluss kommt. Wenn Sie die innere Gewissheit haben, öffnen Sie die Augen, und platzieren Sie den Obsidianspiegel in diese Richtung.

Für energetischen Schutz unterwegs sind Obsidiananhänger sehr empfehlenswert. Je nach Größe des Anhängers können an der Rückseite kleine Bergkristall- und/oder Rosenquarz-Donuts befestigt werden, die zusätzlichen Schutz bieten.

Steinbrunnen

Salzkristalllampen

Salzkristalllampen eignen sich hervorragend zur Harmonisierung von Räumen und zur Verbesserung des Raumklimas. Gerade in Räumen, wo viel geraucht wird oder in denen zahlreiche elektronische Geräte wie Computer, Fax, Telefonanlagen usw. vorhanden sind, können sie durch Ionisierung der Luft viel Positives bewirken. Sie können auch eingesetzt werden, um zu verhindern, dass Qi in dunklen Ecken stagniert. Da Salzkristalllampen das Element Feuer repräsentieren, aktivieren sie auch die Energie des Ba-Gua-Bereiches »Ruhm und Anerkennung«.

Steinbrunnen

Eine weitere wirksame Möglichkeit zur Energetisierung von Räumen sind Steinbrunnen. Diese können gänzlich aus Mineralien und Steinen sein bzw. mit Trommelsteinen und Drusenstücken verstärkt werden. Quarze wie Amethyst, Bergkristall oder Rosenquarz eignen sich am besten. Da Steinbrunnen von der energetischen Wirkung her am intensivsten sind, sollten sie nur in Yang-Räumen wie Wohnzimmer, Arbeitszimmer oder im Büro verwendet werden. Bei der Platzierung eines Brunnens sollten Sie vorab den Rat eines Profis einholen, da hemmende Energieeinflüsse (wie z. B. ungünstige Jahresenergien) durch einen Brunnen noch zusätzlich verstärkt werden.

Edelsteinmandala

Tür-Fenster-Linien

Eine Tür-Fenster-Linie entsteht, wenn sich exakt gegenüber der Tür ein Fenster oder eine Balkontür befindet. Die Energie (Qi), die durch die Zimmertür in den Raum eintritt, entweicht sofort wieder durch das Fenster und kann von den Bewohnern nicht genutzt werden. Das häufig auftretende Problem lässt sich ganz einfach lösen: Hängen Sie zwei Bergkristall-Donuts in das betreffende Fenster, oder kleben Sie die Donuts an die Fensterscheibe.

Edelsteinmandalas

Haben Sie das Gefühl, dass in Ihrem Raum nicht genügend Energie vorhanden ist bzw. eine drückende, schwächende Energie Sie müde und kraftlos macht? Dann versuchen Sie es mit einem Edelsteinmandala, das die Energie im Raum erhöht. (Siehe dazu auf Seite 116.)

Im Schlafzimmer sollten Sie darauf achten, dass Sie nur ein kleines dezentes Edelsteinmandala – beispielsweise bestehend aus Rosenquarz und Bergkristall – verwenden, damit Ihr Schlaf nicht durch eine zu hohe Energetisierung gestört wird. Übrigens lassen sich Edelsteinmandalas auch für das gesamte Grundstück einsetzen. Hier bedarf es allerdings der Unterstützung eines Profis (siehe »Adressen« auf Seite 140).

Steine und Elektrosmog

Konträr zur weit verbreiteten Ansicht möchte ich darauf hinweisen, dass Steine und Mineralien nach meiner Erfahrung keinen Elektrosmog abschirmen. Auch wenn Sie beispielsweise Steine beim Computermonitor platzieren, bleibt dessen Strahlung vorhanden. Am Körper getragene Kristalle können Elektrosmog sogar noch verstärkt abgeben, da sie die Strahlung aufnehmen und dann konzentriert entsprechend ihrer Achse wieder abstrahlen. Deswegen ist darauf zu achten, dass sich die Steinspitzen nicht auf die am Arbeitsplatz sitzende Person richten. Diese Meinung teilt unter anderem auch der Steinheilkunde-Experte Michael Gienger.

Bestimmte Edelsteine und Mineralien können allerdings den Körper unterstützen, die Strahlungseinflüsse zu verarbeiten, das heißt dafür zu sorgen, dass sich der Elektrosmog nicht im Körper festsetzt und die Person sich schneller von dem Negativstress erholen kann. Hierfür eignet sich am besten der schwarze Turmalinkristall. Er sollte so platziert werden, dass er in Bezug auf Ihre Position und auf die Position Ihres Bildschirms ein Dreieck bildet. Die Spitze des schwarzen Turmalinkristalls sollte nach oben zeigen.

Eine tägliche Reinigung der Steine ist unerlässlich. Halten Sie den Turmalin am besten abends kurz unter fließendes Wasser und legen ihn dann auf eine Amethyst-Druse oder in eine Druse hinein.

Reinigung und Klärung der »inneren Räume« mit Mineralien und Steinen

Auch unsere inneren Räume – also unser Seelenleben – benötigen ab und zu eine Reinigungs- und Entrümpelungsaktion. Alte Glaubenssätze, Verhaltensmuster und überholte Denkstrukturen können sowohl im Innen als auch im Außen zu Blockaden und Stockungen führen.

Unsere Räume sind Spiegel unserer Seele, und so suchen wir uns auch unbewusst immer den richtigen Ort zur richtigen Zeit, an dem wir die entsprechenden Themen bearbeiten und im besten Fall »erlösen« können. Um diesen Prozess zu erleichtern, haben wir im Außen als Hilfe Feng Shui; für die inneren Räume bietet sich beispielsweise Meditation an. Hierbei können wir optimal mit der Energie von Steinen und Mineralien arbeiten, indem wir in einem Steinkreis meditieren, während der Meditation einen Stein in der Hand halten oder ihn still betrachten. Dies könnte natürlich ein Stein sein, der zu dem entsprechenden Ba-Gua-Bereich gehört, in dem wir etwas verändern wollen. Somit wird es möglich, Themen auf allen Ebenen zu »erlösen« und Platz zu schaffen für positive neue Energien im Außen und Innen.

Technische Tipps und Tricks

Wie zeichne ich ein Ba Gua?

Im Folgenden schildere ich Ihnen in einzelnen Stufen die Vorgehensweise, wie Sie das Ba Gua auf die Kopie Ihres Wohnungs- bzw. Hausgrundrisses übertragen können. Wenn Sie das Ba Gua nur über einen Raum legen möchten, dann gehen Sie ebenfalls so vor.

Drei-Türen-Ba-Gua

Wer sich noch nicht an das Kompass-Ba-Gua wagt, kann mit dem Drei-Türen-Ba-Gua seine ersten Schritte wagen und energetische Veränderungen vornehmen. Beachten Sie aber, dass Sie mit dem Drei-Türen-Ba-Gua ausschließlich die Themen der einzelnen Ba-Gua-Lebensbereiche, also zum Beispiel das Thema »Beziehung und Partnerschaft«, bearbeiten können. Für alle anderen Themen und Bezüge, wie beispielsweise gesundheitliche Aspekte, benötigen Sie zur Aktivierung, Ergänzung oder Betonung das Kompass-Ba-Gua.

Gehen Sie wie folgt vor:
– Beschaffen Sie sich den Originalgrundriss Ihrer Wohnung oder Ihres Hauses. Wenn Sie ein Haus besitzen, dann benötigen Sie die Grundrisspläne einer jeden Etage. Fertigen Sie Kopien von diesen Plänen an, um entsprechend Eintragungen vornehmen zu können. Sollten keine Pläne vorhanden sein, erstellen Sie selbst einen Grundrissplan, indem Sie Ihre Wohnung exakt ausmessen und im Maßstab 1:100 auf Papier bringen.
– Wenn Sie auf Ihrem Grundriss einen Fehl- oder Überschussbereich feststellen, gleichen Sie Ihren Grundriss entsprechend aus. Beachten Sie hierzu auch das Kapitel »Fehlbereiche energetisch ergänzen und harmonisieren«.
– Als Nächstes teilen Sie den Gesamtgrundriss in neun gleich große Sektoren auf. Hierzu messen Sie einmal die äußere horizontale sowie vertikale Grundrisslinie ab und dividieren das Messergebnis durch drei, um sowohl vertikal als auch horizontal drei gleich große Abschnitte zu erhalten. Diese Abschnitte werden dann von oben nach unten und von links nach rechts mit Linien auf dem Grundrissplan eingetragen und ergeben dadurch insgesamt neun gleich große Sektoren auf Ihrem Plan.
– Stellen Sie nun fest, wo sich der Haupteingang zu Ihrer Wohnung, Ihrem Haus oder Ihrem Büro befindet, denn wie wir bereits wissen, ist beim Drei-Türen-Ba-Gua immer der Eingang, durch den das Qi den Raum betritt – bei einzelnen Räumen also die Zimmertür – ausschlaggebend. Dieser Eingang ist der Ausgangspunkt für die Analyse; er kommt immer in einem der drei Sektoren »Wissen und Spiritualität«, »Beruf und Karriere« oder »Hilfreiche Freunde« zu liegen.
– Sie können jetzt die einzelnen Bereiche, die für Sie wichtig sind, mit Steinen

und Mineralien, die diesen Ba-Gua-Lebensbereichen entsprechen, betonen bzw. aktivieren.

– Und dann: Augen auf und beobachten! Stellen Sie fest, was sich in Ihrem Leben verändert. Manchmal passieren Veränderungen sehr schnell, und manchmal muss man etwas Geduld aufbringen. Also nicht gleich entmutigt sein, wenn am nächsten Tag noch nicht der Traumprinz oder die Traumfrau vor der Tür steht.

– Achtung: Aktivieren Sie nicht alle Bereiche gleichzeitig, es könnte sonst zu Überreaktionen kommen. Gehen Sie Schritt für Schritt vor, setzen Sie Prioritäten, und aktivieren Sie maximal zwei Bereiche gleichzeitig.

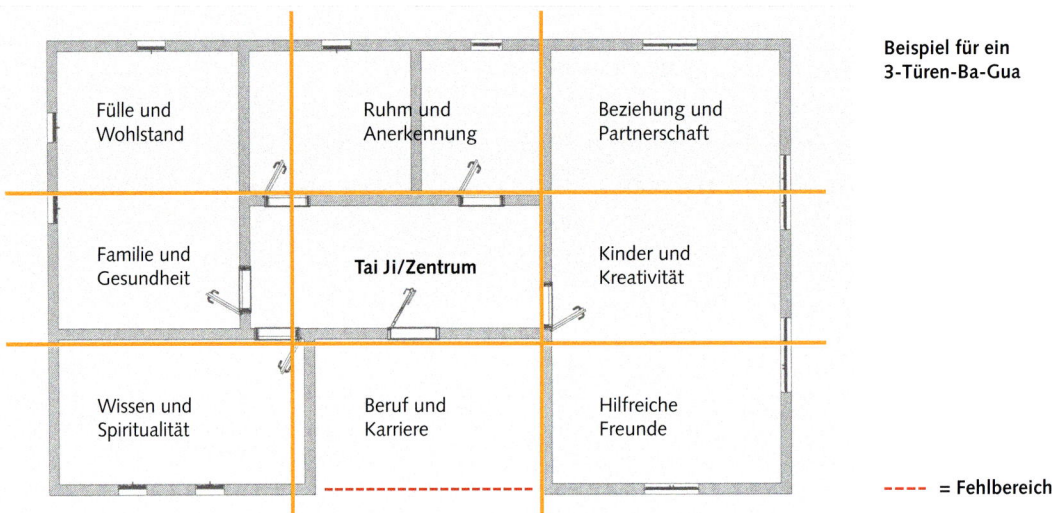

Beispiel für ein 3-Türen-Ba-Gua

- - - - = Fehlbereich

Kompass-Ba-Gua

Die Vorgehensweise mit dem Kompass-Ba-Gua Schritt für Schritt:

– Organisieren Sie einen Grundriss Ihrer Räume, und erstellen Sie für Eintragungen eine Kopie davon. Wenn kein Grundriss vorhanden ist, messen Sie Ihren Wohnraum exakt aus, und erstellen Sie selbst einen Grundriss im Maßstab 1:100. Sollten Sie mehrere Wohnraumetagen haben, benötigen Sie für jede Ebene einen eigenen Plan.

– Sollten Sie bei Ihrem Grundriss einen Fehl- oder Überschussbereich feststellen, dann gleichen Sie Ihren Grundriss entsprechend aus. Beachten Sie hierzu auch das Kapitel »Fehlbereiche energetisch ergänzen und harmonisieren« auf Seite 118.

– Stellen Sie den Mittelpunkt des Wohn- bzw. Büroraumes oder Gebäudes fest, in dem Sie die Diagonalen in den Grundrissplan einzeichnen. Der Schnittpunkt ist die Mitte.

– Ermitteln Sie mit dem Kompass die Himmelsrichtung Norden.

– Tragen Sie dann den Nordpfeil auf Ihrem Grundriss ein, und schreiben Sie die exakte Gradzahl dazu.

– Nehmen Sie dann die Kompass-Ba-Gua-Schablone (Bestelladresse siehe »Adressen«) zur Hand, und legen Sie diese so über den Grundriss, dass sich der Kreuzungspunkt der Schablone mit dem Kreuzungspunkt in der Mitte Ihres Grundrisses deckt. Drehen Sie die Schablone so lange, bis der Nordpfeil der Schablone exakt mit dem Nordpfeil Ihres Grundrisses übereinstimmt.

– Zeichnen Sie anhand der Schablone Ihre neun Bereiche ein; tragen Sie die Bezeichnung der Sektoren ein, damit Sie diese sofort erkennen können.

– Nun können Sie die einzelnen Bereiche, die für Sie wichtig sind, mit Steinen und Mineralien, die diesen Ba-Gua-Bereichen entsprechen, betonen bzw. aktivieren.

– Seien Sie wachsam und beobachten Sie, was sich Neues in Ihrem Leben zeigt. Manchmal geschieht dies sehr schnell, es kann aber auch vorkommen, dass es eine gewisse Zeit dauert, bis sich die neuen Energien manifestieren. Seien Sie nicht gleich verunsichert, wenn sich am nächsten Tag noch nichts getan hat.

– Auch hier gilt wieder: Aktivieren Sie nicht alle Bereiche gleichzeitig, es könnte sonst zu Überreaktionen kommen.

Beispiel für ein Kompass-Ba-Gua

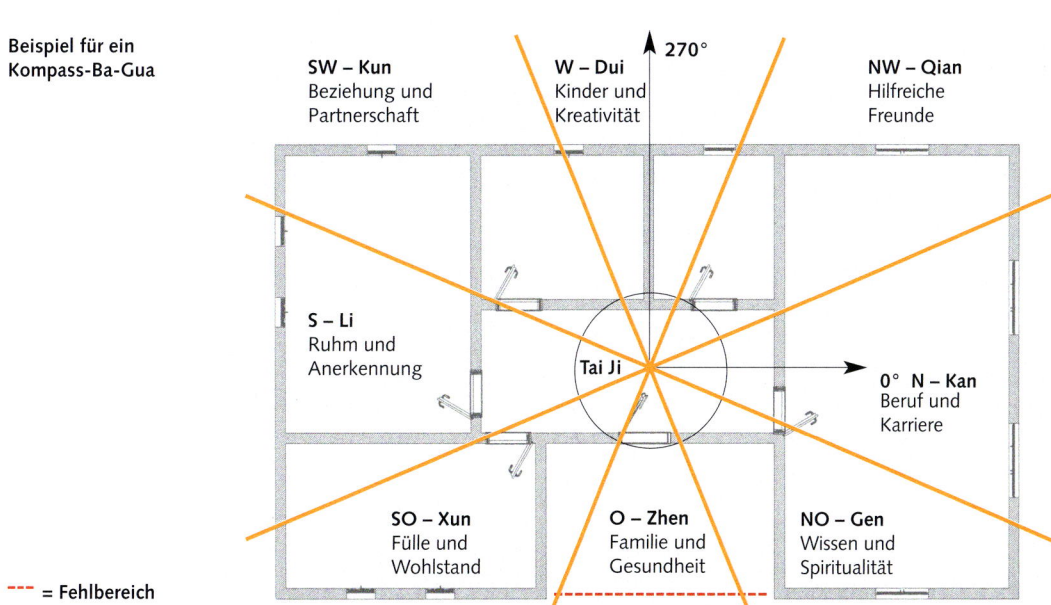

--- = Fehlbereich

Wie reinige ich die Steine?

Ein ganz wichtiger Punkt ist die Reinigung von Steinen und Mineralien, da sie nicht nur Energie an uns abgeben, sondern auch Energien, ob positiv oder negativ, aufnehmen. Wird zum Beispiel ein Stein zur Ableitung hemmender Energien eingesetzt, dann nimmt er diese in sich auf; ab einem gewissen Zeitpunkt wird er diese wieder an uns abgeben, wenn er nicht regelmäßig gereinigt wird! Da wir diesen Effekt natürlich vermeiden wollen und darüber hinaus unsere wichtigsten Helfer auch liebevoll behandeln sollten, ist eine regelmäßige Reinigung eigentlich selbstverständlich.

Die beste und einfachste Methode ist, die Steine auf eine Amethystdruse zu legen bzw. sie in eine Druse hineinzulegen. Sollte dies einmal nicht möglich sein, kann man sie kurz unter fließendes Wasser halten, oder bei Quarzen wie Bergkristall und Rosenquarz ein kurzes Bad in einem Quellwasser bzw. in stillem Wasser durchführen.

Legen Sie Ihre Steine nicht direkt in Salz ein, und verzichten Sie ebenfalls auf alle aggressiven Putzmittel und Flüssigkeiten.

Wenn Sie Ihre Steine aufladen wollen, können Sie diese in die Morgen- bzw. in die Abendsonne legen. Bitte nie in die pralle Mittagssonne, da diese eher entladend wirkt.

Auch eine Bergkristalldruse eignet sich gut zum positiven Aufladen von Steinen und Mineralien.

Was Sie beim Kauf von Steinen beachten sollten

Kaufen Sie Ihre Mineralien und Steine nur in einem Fachhandelsgeschäft, das gemmologisch geprüfte Ware anbietet, also bei Händlern, die ihre Ware von einem unabhängigen Institut gemmologisch auf Reinheit und Echtheit prüfen lassen. Fragen Sie Ihren Händler nach dem Zertifikat, wenn Sie unsicher sind. Ein seriöser Anbieter wird Ihnen gerne das Prüfzertifikat vorlegen. Sie können dadurch sicher gehen, dass Ihnen keine gefälschten, chemisch behandelten oder sogar radiologisch bestrahlten Mineralien angeboten und verkauft werden.

Echtheit, Reinheit und hohe Qualität haben natürlich ihren Preis; aber bedenken Sie, dass Sie hier mit Energien arbeiten, die Sie positiv verändern oder verstärken wollen. Wenn Sie hierzu minderwertige oder sogar gesundheitsschädliche Symbole in Form von Steinen, die beispielsweise mit Röntgenstrahlen behandelt wurden, nutzen, erreichen Sie exakt das Gegenteil. Sie schaden sich und den Energien des Raumes. Denken Sie daran: Sie investieren in sich selbst! Nehmen Sie lieber nur einen schönen, qualitativ hochwertigen Kristall oder Stein als drei große billige Steine von minderwertiger Qualität.

Wenn Sie mit Energien arbeiten, arbeiten Sie immer mit dem Gesetz der Resonanz – das heißt Gleiches zieht Gleiches an: Verwenden Sie minderwertige Steine, ziehen Sie negative Energie an. Verwenden Sie hingegen hochwertige

Mineralien und Kristalle, werden Sie auch positive, hochfrequente Energien in Ihr Zuhause einladen.

Raumreinigung und -entrümpelung

In regelmäßigen Abständen sollten auch unsere äußeren Räume gereinigt und entrümpelt werden. Klassische Stauungspunkte wie Abstellkammern, Ablagefächer, Zeitungsstapel, Schränke und Schubfächer, Ecken und Stauraum unter dem Bett sollten immer gut im Auge behalten werden. Lassen Sie los von Dingen, die Sie seit Jahren sowieso nicht mehr genutzt haben! Schaffen Sie Platz für neue Energie! Den beabsichtigten Aktivierungen und Ergänzungen sollte immer eine gründliche Reinigungs- und Entrümpelungsaktion vorausgehen, damit die Energie wieder ins Fließen kommen kann und natürlich auch Raum da ist bzw. geschaffen wird für Neues. (Dazu sei das Buch »Feng Shui gegen das Gerümpel des Alltags« von Karen Kingston empfohlen; sie schildert in eindrucksvoller und witziger Weise, was Gerümpel im Leben eines jeden Menschen verursachen kann.)

Um energetische Spuren in Räumen zu beseitigen, schwöre ich auf Räucherungen mit Salbei, Wacholder und Weihrauch. Ob als Mischung oder einzeln, die klärende, reinigende Wirkung ist eindeutig spürbar.

Wann benötige ich den Rat eines Profis?

Dieses Buch ist so konzipiert, dass es Ihnen die wichtigsten Prinzipien erklärt und somit die Möglichkeit gibt, erste Basisanalysen für sich persönlich zu erstellen.

Professioneller Rat sollte immer dann eingeholt werden, wenn es um weiterführende und tiefere Analyseebenen im Feng Shui geht oder Ihre Maßnahmen nicht den Erfolg erzielen, den Sie sich wünschen. Natürlich gibt es noch eine Vielzahl von Techniken, die bei einer professionellen Analyse Anwendung finden und die dem Einsteiger nicht in einem einzigen Buch vermittelt werden können.

Es gibt zum Beispiel die Technik der Fliegenden Sterne – Fei Xing Pai –, die zu den hohen Disziplinen im Feng Shui zählt und zu jeder professionellen Beratung gehört. Diese Technik ermöglicht es, zeitliche Energieaspekte zu ermitteln, die sich aus dem Baujahr sowie aus den exakten Himmelsrichtungen eines Gebäudes ermitteln lassen. So kann evtl. in einem Ihrer Räume eine Grundenergie aus den Fliegenden Sternen vorhanden sein, die nicht sehr förderlich für Sie ist und dadurch auch andere Aktivierungsmaßnahmen hemmt. Ob dies der Fall ist oder ob Ihnen einfach nur ein kleiner Fehler bei Ihren Korrekturmaßnahmen unterlaufen ist, kann nur der Profi unterscheiden. (Weiterführende Adressen siehe Anhang.)

Auch bei größeren Umbauarbeiten, Renovationen oder in der Neubauplanung sollten Sie sich an einen Experten Ihres Vertrauens wenden. Dies gilt ebenso für das Wasserdrachen-Feng-Shui sowie für die Platzierung von aktivem Wasser (zum Beispiel Brunnen, Wasserspiele usw.) im Haus; bei Letzterem sollte unbedingt eine große Energieanalyse vorliegen, um zu vermeiden, dass Ihr Brunnen ungünstige Energieeinflüsse aktiviert und es so zu unliebsamen Überraschungen kommt.

Natürlich sollten Sie auch in allen gesundheitlichen Fragen immer einen Arzt oder Heilpraktiker konsultieren; an dieser Stelle möchte ich nochmals betonen, dass alle Heilsteine und deren Einsatzmöglichkeiten als unterstützende Maßnahme gedacht sind und keinesfalls eine ärztliche Therapie ersetzen.

Und wenn Sie jetzt richtig Lust bekommen haben, noch tiefer in die Materie einzutauchen, dann haben Sie natürlich die Möglichkeit, weiterführende Techniken in Seminaren und Workshops zu erlernen oder sich zur Feng-Shui-Expertin, zum Feng-Shui-Experten ausbilden zu lassen. (Weiterführende Adressen siehe Anhang.)

Zu guter Letzt …

Gehen Sie mit Freude, Leichtigkeit und Spaß an das Thema Feng Shui heran. Eine spielerische und heitere Art fördert den Umgang mit Energien. Vergessen Sie nicht: Feng Shui hat nichts mit Dogmen, Angst oder starren, fixen Regeln zu tun, sondern mit Freude, Licht, neuen Impulsen, Kraft, Harmonie und mit der Liebe zu allem, was ist.

Danksagung

Mein besonderer Dank gilt Michael Gienger, der mir von Anfang an mit Rat und Tat zur Seite stand und sein enormes Wissen im Bereich Steinheilkunde so großzügig mit mir teilte. – Danke für deinen Support und für deinen Glauben an dieses Projekt, mit dem du mir geholfen hast, es auf die Welt zu bringen.

Weiter geht mein Dank an André Pasteur, meinen verehrten Lehrer und guten Freund, der Feng Shui in mein Leben brachte und daraus eine Berufung für mich werden ließ. – Ich danke dir für die hervorragende Ausbildung und für das umfangreiche Wissen, das ich durch dich erhalten habe, sowie für deine unendliche Geduld in Bezug auf meine unendlichen Fragen. Darüber hinaus möchte ich natürlich auch all meinen weiteren Lehrern und Lehrerinnen danken, die meinen Werdegang geprägt haben, wobei ich ganz speziell meinem jetzigen Meister Victor Dy für seine »Perlen« danken möchte.

Ein ganz, ganz dickes Dankeschön geht an die Künstlerinnen Heidi Schmidinger und Hoh Yin Ping. – Vielen Dank für die wundervollen, beseelten Bilder sowie die kraftvollen Kalligrafien, die Ihr beide für dieses Buch geschaffen habt.

Ich möchte auch dem ganzen Verlagsteam und ganz besonders Herrn Urs Hunziker für die wirklich fantastische Zusammenarbeit danken. Es hat vom ersten Gespräch an immer nur Spaß und Freude gemacht! Vielen lieben Dank für alles!

Dann möchte ich noch ganz besonders den guten Seelen in meinem Leben danken, die ebenfalls für die Entstehung dieses Buches wichtig waren:

Allen voran Claudia Wachter für ihre immerwährende Unterstützung, für ihren Glauben an mich und besonders dafür, dass sie mir beigebracht hat, an mich selbst zu glauben und meine Flügel zum Fliegen zu nutzen. – Ich werde dir dafür immer dankbar sein.

Alexander Past, dem besten Body-Coach und Heilpraktiker, den es gibt. – Vielen Dank, dass Sie mir in allen Höhen und Tiefen zur Seite standen und mich wieder in Bestform gebracht haben.

Elfi Guse, der ich für ihre langjährige Freundschaft danke.

Nomi Baumgartl, der ich von Herzen für die Verbindung zu diesem wunderbaren Verlag danke und natürlich auch für ihre Freundschaft und ihren Support.

Silvia König Schöpf, der wir es verdanken, dass wir zu allen Tages- und Nachtzeiten ihren Laden plündern durften und somit wundervolle Steine für wundervolle Bilder bekommen haben.

Renate Keck, die sowohl für mein seelisches als auch leibliches Wohl sorgte, indem sie mich mit meinen heißgeliebten Rouladen verwöhnte und somit des Öfteren einen drohenden (Schreib)Koller von mir fernhielt.

Claudia Kruppa – auch dir gilt mein Dank für deine Freundschaft und Unterstützung in allen Lebenslagen sowie Christine Meier, die beste »Promoterin«, die man sich wünschen kann. – Danke für deine Unterstützung.

Zu guter Letzt möchte ich nochmals meinen geliebten Eltern für all ihre Liebe, Hilfe und Unterstützung danken sowie meiner geliebten Großmutter Maria. Liebe Oma, wo immer du jetzt auch bist, du hast für immer einen festen Platz in meinem Herzen. – Danke für deine Liebe und dass du so lange an meiner Seite warst.

Natürlich gilt mein Dank auch all meinen himmlischen Wegbegleitern sowie unserer großen Göttin Mutter Erde!

Möget Ihr alle immer gesegnet, geliebt und geschützt sein.

Literatur

Feng Shui

Boßlet, Achim: Feng Shui – Tradition und Gegenwart. Die Grundlagen der Lehre und ihre Anwendung im heutigen Taiwan, Dissertation München 1999.

Master Lam Kam Chuen: Das Feng Shui Handbuch, Joy Verlag, Sulzberg 1996.

Fahr-Becker, Gabriele: Ostasiatische Kunst, Könemann Verlagsges., Köln 1998.

Fröhling, Thomas und Katrin Martin: Feng Shui heute, Mosaik Verlag, München 2000.

Hackl, Wolfgang: Der Hauch Gottes – die Wissenschaft des Yoga, Wien 1999.

Feng Shui Sonderheft, Dao Zeitschriften Verlag, Hamburg 2000.

Lipczinsky, Margrit und Helmut Boerner: Büro, Mensch und Feng Shui, Callwey Verlag, München 2000.

Maciocia, Giovanni: Die Grundlagen der Chinesischen Medizin, Verlag für Traditionelle Chinesische Medizin Dr. Erich Wühr, Kötzting 1994.

Merten, Merlina: Feng Shui for better living, Makati City, Philippinen 2000.

Orloff, Judith: Die Kraft in mir, Heinrich Hugendubel Verlag (Irisiana), München 2001.

Pasteur, André: Feng Shui 1, Feng Shui 2, Yi Jing – Kursskript, INFIS Institut, Winterthur 2001.

Rutherfurd, Edward: Der Wald der Könige, Goldmann Verlag, München 2002.

Scarpari, Maurizio: Das antike China, Verlag Karl Müller, Köln 2001.

Schuster, Gerhardt: Geheimnisvolle Welt Tibet, Katalog zur Ausstellung »Tibet – Geheimnisvolle Welt« im Ausstellungszentrum Lokschuppen Rosenheim, Rosenheim 2002.

Spear, William: Die Kunst des Feng Shui, Droemersche Verlagsanstalt, München 1996.

Too, Lillian: Das große Buch Feng Shui, Könemann Verlagsges., Köln 2000.

Van Osten, René: I Ging – das Buch vom Leben, Windpferd Verlag, Aitrang 2000.

Wilhelm, Richard: I Ging – das Buch der Wandlungen, Heinrich Hugendubel Verlag, Kreuzlingen 1956.

Steinheilkunde

Gienger, Michael: Die Edelsteinuhr, Neue Erde Verlag, Saarbrücken 2001.

Gienger, Michael: Die Steinheilkunde, Neue Erde Verlag, Saarbrücken 1995.

Gienger, Michael: Die Heilsteine Hausapotheke, Neue Erde Verlag, Saarbrücken 1999.

Gienger, Michael: Lexikon der Heilsteine, Neue Erde Verlag, Saarbrücken 2000.

Gienger, Michael: Die Heilsteine der Hildegard von Bingen, Mosaik Verlag, München 1997.

Newerla, Barbara: Sterne und Steine, Osterholz Verlag, Ludwigsburg 1995.

Rätsch, Christian: Die Steine der Schamanen, Diederichs Verlag, München 1997.

Sperling, Renate: Vom Wesen der Edelsteine, Aquamarin Verlag, Grafing 1998.

Weise, Christian: Jade, das Juwel des Himmels, Christian Weise Verlag, München 1993.

Adressen

Die Autorin führt regelmäßig Seminare und Workshops durch. Darüber hinaus bietet sie im In- und Ausland Feng-Shui-Beratungen für Privat- und Geschäftskunden sowie Persönlichkeitsanalysen auf Basis der Traditionellen Chinesischen Astrologie (TCA) an. Für weiterführende Informationen und Fragen können Sie sich direkt an die Autorin wenden. Sie erreichen Sie unter der nachfolgenden Adresse:

Heaven and Earth
Agentur für energetisches Feng Shui
Martina Fuchs
Domagkstraße 33 – Haus 37
D–80807 München
Tel.: +49-(0)89/324 22 423
Fax: +49-(0)89/324 4850
E-Mail: m.fuchs@heaven-and-earth-feng-shui.de
www.heaven-and-earth-feng-shui.de

Des Weiteren finden Sie im Internetshop von Heaven and Earth ausgesuchte Feng-Shui-Mineralien wie das von uns entwickelte Feng Shui Jing® Edelstein-Set, Kalligrafien der Künstlerin Hoh Yin Ping sowie die Feng Shui Kompass-Ba-Gua-Scheibe by Infis. Alle Artikel können Sie im Internet unter www.heaven-and-earth-feng-shui.de bestellen.

Kontakt zu den Künstlerinnen

Heidi Schmidinger
Photografie
Franz-Winkler-Str. 5
D–83512 Wasserburg/Inn
Tel.: +49-(0)8071/26 60

Hoh Yin Ping
Kalligrafie und Malerei
E-Mail: hohyinping@hotmail.com
www.web-pr.de/gallery/Hoh.htm

Kontakt zu Michael Gienger/Informationen zur Steinheilkunde

Cairn Elen Lebensschule
Stäudach 58/1
D–72074 Tübingen
Tel.: +49-(0)7071/364719
Fax: +49-(0)7071/38868
E-Mail: info@cairn-elen.de
www.cairn-elen.de

Mineralien und Heilsteine

Karfunkel Edelsteine
Bahnhofstraße 79
D–Hebertshausen b. Dachau
Tel.: +49-(0)8131/338977
Fax: +49-(0)8131/338978
E-Mail: Karfunkel.edelsteine@gmx.de

Marco Schreier (nur Großhandel)
Mineralienhandlung GmbH
Im Osterholz 1
D 71636 Ludwigsburg
Tel.: +49-(0)7141/4412-0
Fax: +49-(0)7141/441244
www.maulwurf.de

Feng-Shui-Accessoires und Steine

Kaufladen
Marktstraße 15
D–80802 München
Tel./Fax: +49-(0)89/336926

Im Internet:
www.infis.com (Infis-Institut – André Pasteur und Claudia Kruppa)
www.b-hoffmann.de (Bernhard Hoffmann – Edelsteinmandalas für Haus und Garten)

Stichwortverzeichnis